Die Kunst der klaren Kommunikation

250 professionelle Rhetorik-Tipps

Dr. Karsten Bredemeier

2. Auflage

HAUFE.

»Das menschliche Gehirn ist eine großartige Sache.
Es funktioniert bis zu dem Zeitpunkt, an dem du aufstehst,
eine Rede zu halten!« Mark Twain

Für Heike ...
denn du bist mein »Elevator«-Trip
in den 7. Himmel.

Inhalt

Vorwort

Wir sind alle Laien auf dieser Bühne des Lebens und bleiben es, bis der Vorhang fällt. Für Rhetorik und Körpersprache, Schlagfertigkeit und Gesprächsführung, Verhandlungskunst und Eloquenz gilt etwas anderes: Hier haben wir es in der Hand, Laie oder Profi zu sein. Was die beiden voneinander unterscheidet? Der Laie überlässt es dem Zufall, wie seine Botschaften bei anderen ankommen, der Rhetorikprofi weiß genau, was er wann wie genau sagt, um die gewünschte Wirkung bei seinem Gegenüber zu erzielen.

Um dort hinzukommen, braucht es Übung. Und genau dazu eignet sich dieser TaschenGuide vortrefflich. Er enthält über 250 wertvolle Tipps, die sich in der Kommunikationspraxis mehr als bewährt haben. Tunen Sie dadurch Ihre Präsentationen und Gespräche und erlangen Sie mehr Sicherheit in Diskussionen und Medienauftritten. Sensibilisieren Sie sich für Ihre eigene Kommunikation oder die anderer. Reflexion ist alles!

Stecken Sie dieses Büchlein in Ihre Aktentasche oder legen Sie es auf den Schreibtisch. Lesen Sie immer mal wieder einzelne Passagen und beherzigen Sie diese in Ihrem privaten oder beruflichen Alltag. Machen Sie den TaschenGuide zu Ihrem ständigen Begleiter auf Ihrem Weg zum Kommunikationsprofi.

Ich wünsche Ihnen dabei viel Spaß und Erfolg!

Ihr Dr. Karsten Bredemeier

Hinweis

Aus Gründen der besseren Lesbarkeit wird bei Personenbezeichnungen und personenbezogenen Hauptwörtern in diesem Buch das generische Maskulinum verwendet. Entsprechende Begriffe gelten im Sinne der Gleichberechtigung grundsätzlich für alle Geschlechter. Die verkürzte Sprachform hat nur redaktionelle Gründe und beinhaltet keinerlei Wertung.

Der Rhetorik-Code

Tagtäglich führen wir im Berufsalltag herausfordernde Gespräche und kritische Auseinandersetzungen. Wir knüpfen Netzwerke und akquirieren Kunden. Wer die hohe Kunst der Kommunikation beherrscht und weiß, wie der Rhetorik-Code lautet, ist hier ganz klar im Vorteil.

In diesem Kapitel erfahren Sie unter anderem,

- was Kommunikation anrichten und was sie bewirken kann,
- wie Sie mit Inhalten und Ihrer Körpersprache überzeugen,
- welche Macht eine Fakten schaffende Sprache hat.

Die hohe Kunst der klaren Kommunikation

Im Folgenden lesen Sie das angeblich echte Protokoll eines Funkgespräches.

> US-Navy: »Wir empfehlen Ihnen, Ihren Kurs um 15 Grad nach Norden zu ändern, um eine Kollision zu verhindern!«
>
> Kanadier: »Negativ. Sie müssen Ihren Kurs um 15 Grad nach Süden ändern, um eine Kollision zu vermeiden.«
>
> US-Navy: »Ich bin der Kapitän eines Schiffes der US-Marine. Ich wiederhole, ändern Sie Ihren Kurs!«
>
> Kanadier: »Nein, ich wiederhole, ändern Sie Ihren Kurs!«
>
> US-Navy: »Hier ist der Flugzeugträger USS Lincoln, das zweitgrößte Schiff der US-Altantik-Flotte. Wir werden von drei Zerstörern, drei Kreuzern und zahlreichen Versorgungsschiffen begleitet. Ich verlange, dass Sie Ihren Kurs um 15 Grad Nord abändern, ich wiederhole, das ist Eins-Fünf-Nord, oder es werden Gegenmaßnahmen eingeleitet, um die Sicherheit dieses Schiffes zu garantieren.«
>
> Kanadier: »Wir sind ein Leuchtturm, Sie sind dran!«
>
> *(Quelle: Langenscheidt, »A joke a day« vom 11. Januar 2003)*

Testosteron pur sprühte der Kommandant aus. Ausgebremst worden ist er durch die Realität.

Was Kommunikation anrichten kann

Das Beispiel des Flottenführers umschreibt auf vortreffliche Weise das kommunikative Merkmal der »Capitainitis«, die der amerikanische Psychologe Robert B. Cialdini in seinem Buch »Yes« sich selbst überschätzenden Führungspersönlichkeiten bescheinigt. Ihrer Macht bewusst demonstrieren diese ihre Überheblichkeit, auch wenn sie dabei die Rahmenbedingungen falsch oder unzureichend einschätzen, offensichtliche Fehler begehen und den Hinweis darauf mit ihrer Autorität konsequent unter Zuhilfenahme aller Techniken, Instrumente, Methoden, ja, zuweilen auch Tricks der Kommunikation abbügeln. Testosteron pur: Ein Führer begeht keine Fehler. Und massive Autorität lähmt die Aktivität seiner Untergebenen und führt zur duldenden Entscheidungspassivität im Umfeld.

Wie fatal dies enden kann, zeigt ein Vorfall, der sich am 13. Januar 1982 ereignete. Beim Air Florida Flug 90 in der Nähe der Stadt Washington kam es zu einer Katastrophe, die das Leben der Piloten und weiterer 76 Fluggäste forderte. Der Co-Pilot hatte kurz vor dem Start auf nicht-stimmige Instrumente und eine mögliche Vereisung der Flügel aufgrund der zu langen Wartezeit hingewiesen. Der Pilot setzte sich mit seiner Autorität darüber hinweg und brachte ihn zum Schweigen – kurz nach dem Abheben zerschellte die Maschine.

Von Schubladen und verschlossenen Türen

Wir denken und sprechen häufig in Schubladen, denn das geht schneller und vereinfacht unseren Alltag, wie der Nobelpreisträger Daniel Kahneman in seinem Buch »Schnelles Denken, langsames Denken« feststellte. Doch zugleich öffnen diese Schubladen unseres Gehirns Optionen und Wege für den Gesprächspartner oder verschließen uns selbst Türen, die uns selten bewusst sind, die der Gesprächspartner jedoch sehr genau wahrnimmt.

Wir sprechen häufig frei heraus, manchmal nüchtern, »frisch von der Leber weg«. Und daraus entstehen sprachliche Relativierungen, geistige Bankrotterklärungen und verbale Inkompetenzaussagen, die bei anderen einen nachdrücklichen Eindruck hinterlassen, die für unsere Zuhörer Fragezeichen aufwerfen und uns dann ins Abseits stellen.

Vielfach sind sich unsere Gesprächspartner dessen noch nicht einmal bewusst. Doch empfundene Störungen eskalieren in der Nachbetrachtung zum positiven oder negativen Nachhall, denn das allgegenwärtige Feedback ist der Daumen des Gegenübers, der sich senkt oder hebt, wohlwollend oder mit Groll, einladend zur Kommunikation oder ausladend im Gespräch.

Das A und O der klaren Kommunikation: lange nachdenken – prägnant reden

Der 16. Präsident der Vereinigten Staaten Abraham Lincoln hielt zur Einweihung des Soldatenfriedhofs auf dem Schlachtfeld von Gettysburg im Bürgerkriegsjahr zwischen den Nord- und Südstaaten am 19. September 1863 seine visionäre Rede, die »Gettysburg Adress«. Eine Rede, die nicht mehr im Original erhalten ist, deren Mitschrift er anschließend aber unterzeichnete. Obwohl er langsam sprach, dauerte sie nur knapp 2 (!) Minuten und bestand aus 272 Wörtern, zehn ganzen Sätzen. Darüber hatte er sich tagelang den Kopf zerbrochen, jedes einzelne Wort abgewogen. Die Kritik war sehr unterschiedlich und teils vernichtend, im Nachhinein gilt die Rede jedoch als rhetorisches Meisterwerk.

Einem Freund schrieb Abraham Lincoln einige Tage später den bekannten Satz, der später auch anderen Größen in der Literatur zugeordnet worden ist: »Es tut mir leid, dass ich keinen kürzeren Brief geschrieben habe, aber ich hatte nicht die Zeit dazu! A.L.«

Anzumerken sind zwei Dinge: Lange nachdenken und prägnant reden – wie es das amerikanische Kommunikationsgenie Georg Lois treffend in »Verdammt gute Tipps« formulierte – ist das A und O der klaren Kommunikation.

Nehmen Sie sich also Zeit für Ihre wichtigen Gespräche und Reden, Präsentationen und Auftritte. Jedes Wort zählt. Denken

Sie darüber nach, welche Worte es sind. Formulieren Sie prägnant und treffend. Nehmen Sie sich die Zeit vor (!) wichtigen Gesprächen. Falls das nicht möglich ist, halten Sie sich am besten an ein weiteres Zitat, das ebenfalls Lincoln zugeschrieben wird: »Besser schweigen und als Narr zu scheinen, als zu sprechen und jeden Zweifel zu beseitigen!«

Tacheles reden, auch wenn es (anderen) weh tut

Doch die Kunst der klaren Kommunikation kann auch immer wieder provokativ und dadurch inspirierend sein, wie es ein Großfeldmarschall der Kommunikationsschlachten uns in seiner Wirkung belegt. Am 18. September 2013 verstarb der einflussreichste deutschsprachige Literaturkritiker der Nachkriegszeit Prof. Dr. Marcel Reich-Ranicki im Alter von 93 Jahren. Durch das »Literarische Quartett« prägte er als Überlebender des Warschauer Ghettos die Nachkriegs-Literaturkritik einzigartig. Seine Aussagen waren Fegefeuer und Sargnägel, Lobhymnen und eine Hommage daran, die Kritiker nicht für die Mörder zu halten. »Kritiker stellen nur den Totenschein aus!«

Die FAZ lobte ihn als »permanenter Protest gegen Langeweile und Mittelmaß!« Als jüdischer Junge aus dem polnischen Wloclawek an der Weichsel durchlitt er den Nationalsozialismus, als bedeutender Zeitzeuge der Nachkriegszeit sprach er Klartext wie nur wenige.

Zu seinem Tode führte DIE WELT am 19. September 2013 im Feuilleton ein Interview an, welches sein Biograf Uwe Wittstock mit ihm führte. Wittstock befragte Marcel Reich-Ranicki einfühlsam nach etwaigen Vorteilen des Älterwerdens, der Altersweisheit und Altersmilde. Auch hier zeigte Reich-Ranicki wiederum spontan klare Kommunikation:

»..sentimentales Geschwätz. Das Alter ist fürchterlich. Es raubt einem alles, was einem lieb und wichtig war, alles, worauf man glaubte, sich verlassen zu können.«

Und der »Gedanke an den Tod«, uns mit dem Leben doch in die Wiege gelegt? »Er ist völlig sinnlos und vernichtend!« Und dennoch der Doppelpack von Leben und Tod.

Das Fazit vom Autor Ulrich Weinzierl lautete: »So war er. Schmerzhaft klare, deutliche Worte bis zuletzt. Am Mittwoch ist Marcel Reich-Ranicki im Alter von 93 Jahren gestorben. Wir werden nimmer seinesgleichen sehn.« – Richtig und falsch zugleich: Wir hören und lesen auch selten solche Klarheiten.

Beziehen Sie Gesprächspartner nicht nur ein, bringen Sie diese zum Abnicken

Ihr Vortrag ist zu Ende, die Präsentation gelaufen, die Ansprache verhallt. Und das Echo? Wie vor 2000 Jahren beim römischen Caesar bei Gladiatorenkämpfen hebt oder senkt sich der Daumen beim Zuhörer und Zuschauer, Ihrem Auditorium oder Publikum.

Na, haben Sie es wieder einmal versucht, komplizierte Sachverhalte oder komplexe Themen in den schwierigen Passagen, optimal mit ausgefeilten Argumentationsstrukturen oder bei kritischer Reaktion mit noch weiteren, vertiefenden und erweiterten Überzeugungsmustern nachhaltig zu verankern? Kein Wunder, lernen wir doch in teuer bezahlten Seminaren Inhalte möglichst optimal zu präsentieren. Vielfach sind wir leider nur darauf trainiert, bei Präsentationen oder in Gesprächen unsere Gesprächspartner inhaltlich einzubinden – was sicherlich eine Notwendigkeit ist. In vielen Seminaren musste ich jedoch feststellen, dass kaum jemand in der Lage ist, Gesprächspartner so einzubinden, dass eine direkte Reaktion erfolgt.

Mein Resümee: Wenn denn die Einbindung so schwerfällt, warum bringen wir die Gesprächspartner denn nicht konsequent zum Ab-Nicken? Natürlich gelingt das über Ansprache. Nutzen Sie deshalb in kleiner Runde wie auch im großen Plenum den »Sprechzwang«, der sich in unseren Breitengraden nach 1 bis 2 Sekunden einstellt. Dieser Mechanismus findet nicht auf der inhaltlichen, sondern auf der Kontaktebene statt. Übertragen Sie professionell Dialogmuster auf den Monolog, indem Sie das Unterbewusstsein Ihres Publikums ansteuern.

Und so lösen Sie den Sprechzwang und das Abnicken der anderen aus:

- **Sprechen Sie Ihr Gegenüber namentlich an und setzen Sie den Namen immer an das Ende Ihrer Aussage.** Der Name nach vorne gestellt, sichert Ihnen die Aufmerksamkeit anderer, der Name an eine Aussage hinten angehängt das Abnicken. Ein Beispiel: »... ein Produkt, das Sie bereits erfolgreich getestet haben, Herr Müller!«

- **Stellen Sie einen Rückbezug her zum Gesprächspartner.** Der Rückbezug sichert Ihnen die Zustimmung Ihres Gegenübers. Ein Beispiel: »... ein Punkt, den Sie Herr Meier, ja dankenswerter Weise sehr ausführlich bei der letzten Sitzung angesprochen haben!«
- **Flechten Sie Konsensformulierungen in Ihre Gesprächssequenz ein.** Solche Formulierungen unterstreichen allgemeine Aussagen und gehen ganz selbstverständlich von einem Konsens aus, den alle mittragen und abnicken. Wer sich dem Nicken nicht anschließt, schließt sich aus. Ein Beispiel: »Jeder, der sich intensiv mit Projektmanagement beschäftigt hat, kennt dieses Problem.«
- **Adressieren Sie Ihr Publikum mit Transferformulierungen.** Damit übertragen Sie eine Kompetenz auf Ihre Zuhörer. Ein Beispiel: »Und deshalb bestehen wir auf absoluter Professionalität, eine Professionalität, die auch Ihr Unternehmen auszeichnet.
- **Schließen Sie wichtige Aussagen mit Affirmativformulierungen ab.** Das sind Bestätigungen, die das zuvor Gesagte abbinden. Beispiel: »... Liegt auf der Hand!«, »... Logisch!«. Lassen Sie danach eine Wirkungspause folgen und halten Sie Blickkontakt.

> Fokussieren Sie bei wichtigen Aussagen einen Gesprächspartner von deren Anfang bis zu ihrem Ende. Behalten Sie den Blickkontakt dann auch noch bei der Wirkpause bei. So entsteht ebenfalls ein Sprechzwang für den anderen und der Abnick-Mechanismus.

- **Verwenden Sie wertschätzende Aussagen.** Es wirkt sich positiv auf die Beziehungsebene aus, wenn Sie dem anderen Respekt zollen. Ein Beispiel: »Und als Profis wissen Sie, wovon ich jetzt spreche, nämlich dass ...!«
- **Bauen Sie auf gemeinsame Erfahrungen und Erlebnisse.** Szenarien leiten wir meistens ein mit den Worten: »Stellen Sie sich einmal vor, dass ...« – damit erzielen wir eine erhöhte Aufmerksamkeit. Das Abnicken erzielen Sie jedoch, wenn Sie auf gemeinsame Erfahrungen und Erlebnisse zurückgreifen, denn das Gehirn liebt Vertrautes und Bekanntes. Ein Beispiel: »Meine Damen und Herren, erinnern Sie sich an ... – Sie kennen die Situation!«
- **Setzen Sie konsequent Appelle ein.** Intensivieren Sie diese durch Blickkontakt. Mithilfe von Appellen geben Sie anderen Orientierung und Handlungsanleitung. Der Dank: das Abnicken. Ein Beispiel: »... Nutzen Sie also Ihre Chance!«

Natürlich wollen wir keine »Dauernicker« als Gesprächspartner haben. Doch mit den Techniken der Abnick-Methode steigern Sie die konsequente Einbeziehung Ihrer Zuhörer und verstärken Ihre inhaltliche Argumentation durch Intensivierung auf der Kontaktebene. Nutzen Sie diese Methode. Sie zielt auf das Unterbewusstsein, bedient sich dialektischer Muster aus der Gesprächsführung und überträgt diese auf die monologische Ansprache. Das Ergebnis: Der Daumen Ihres Gegenübers geht auch bei inhaltlichen Differenzierungen nach oben!

Die Vorteile klarer Kommunikation

Die Kunst der klaren Kommunikation im Business besteht darin, dass wir anderen Orientierung geben und Ergebnisse absichern. Small Talk hingegen ist ein lockeres und seichtes Plaudern über etwaige Belanglosigkeiten und alltägliche Binsenweisheiten, die keinerlei tiefere Bewandtnis haben oder unbedeutend für die kommunikative, berufliche Interaktion sind.

Wenn wir beispielsweise im beruflichen Umfeld als Führungskräfte oder als Mitglieder im Team auf eine offene und klare Kommunikation verzichten, uns statt dessen mit versteckten Andeutungen und sprachlichen Relativierungen zufriedengeben, geistige Bankrotterklärungen oder auch verbale Inkompetenzerklärungen schulterzuckend akzeptieren, dann entsteht ein folgenschwerer Teufelskreis der Kommunikation. Dieser führt einerseits zu kritischen und mangelhaften Entscheidungsprozessen; Fehler im Verhalten und Handeln schleichen sich ein. Andererseits kommt es zu teils folgenschweren Kommunikationsdefiziten und Interpretationsfehlern dort, wo Orientierung für alle Beteiligten vonnöten ist.

Natürlich erfordert eine klare Kommunikation Rückgrat und Standing, Nehmerqualitäten und Konfliktstärke. Doch der Aufwand lohnt sich. Unsere Gesellschaft und damit jeder einzelne von uns sind auf klare Kommunikation angewiesen und wir alle sollten dazu unseren Teil selbstbewusst, aber auch selbstkritisch beitragen.

Ansonsten entsteht eine Schallmauer zwischen Redner und Zuhörer, die sich nur langsam wieder auflöst und uns letztlich schädigt.

Überzeugende Inhalte

Schritt Nr. 1: Setzen Sie sich ein prägnantes Ziel

Klären Sie für sich, welches Ziel Sie nach Ihrem Vortrag erreicht haben wollen. Klare Zieldefinitionen sichern Ihren Erfolg! Formulieren Sie Ihr Ziel als positives Ergebnis, als Fakt. Ein Beispiel: »Nach dem Vortrag erteilt der Vorstand das Go für mein Projekt!« Nur wer sein Ziel kennt, kann sich auf den Weg dorthin fokussieren.

Schritt Nr. 2: Formulieren Sie eine professionelle Kernbotschaft

Legen Sie Kernbotschaften fest, und zwar zu

- Ihrem Unternehmen,
- Ihrer Abteilung,
- sich selbst.

Formulieren Sie die Kernbotschaft Ihres Vortrags in einem einfachen Satz (Subjekt – Prädikat – Objekt). Nehmen Sie eine Bewertung in Form eines Adjektivs bzw. Adverbs auf.

Beispiel: »OTC-Handel ist Ihr Garant für exzellenten Service im Apothekenhandel!«

Schritt Nr. 3: Appell

Formulieren Sie als Resultat Ihres Vortrags einen auf den Gesprächspartner oder das Auditorium ausgerichteten Appell, also eine Handlungs-, Gesprächs- oder Denkaufforderung.

Beispiel: »Überprüfen Sie deshalb bitte Ihre Anlagestrategie!«

So bauen Sie Ihre Argumentationsstruktur auf

Problemstellung	Lösung
Komplexes Thema	Aufsatzstruktur
Logische oder zeitliche Darstellung	Kette
Vergleich zweier Ansätze	Vergleich
Synthetisierung zweier Modelle	Synthese
Vertiefung von Bekanntem	Vom Allgemeinen zum Besonderen
Abgrenzung zu Bekanntem	Ausklammerung

Im Folgenden sind die einzelnen Strukturen als Grafiken visualisiert:

Ein komplexes Thema wird am besten mit der klassischen Aufsatzstruktur dargestellt, die sich in Einleitung, Hauptteil und Schluss gliedert.

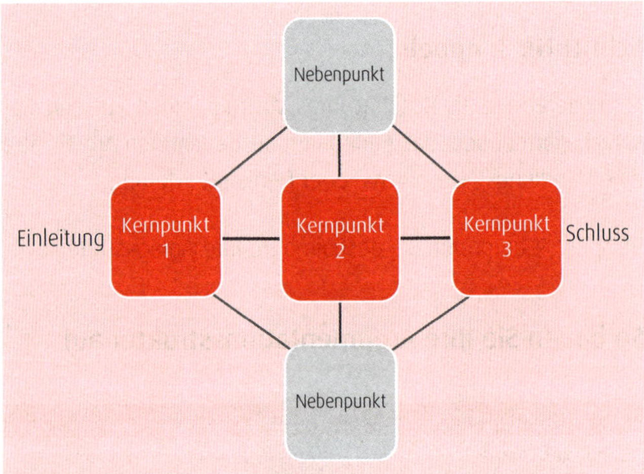

Aufsatzstruktur

Logisch oder zeitlich aufeinander folgende Aspekte oder Prozesse verknüpfen Sie am besten in einer Ketten-Struktur.

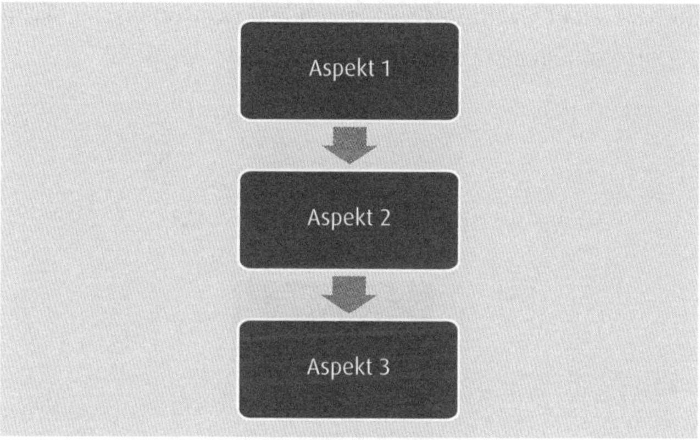

Kettenstruktur

Zwei verschiedene Ansätze oder Modelle können in einer Vergleichsstruktur dargelegt werden.

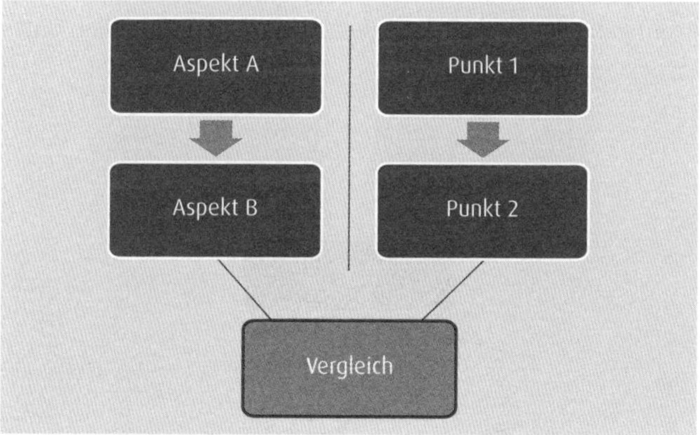

Vergleichsstruktur

Mithilfe einer Synthesestruktur können zwei unterschiedliche Ansätze miteinander verschmolzen werden: A + B = C.

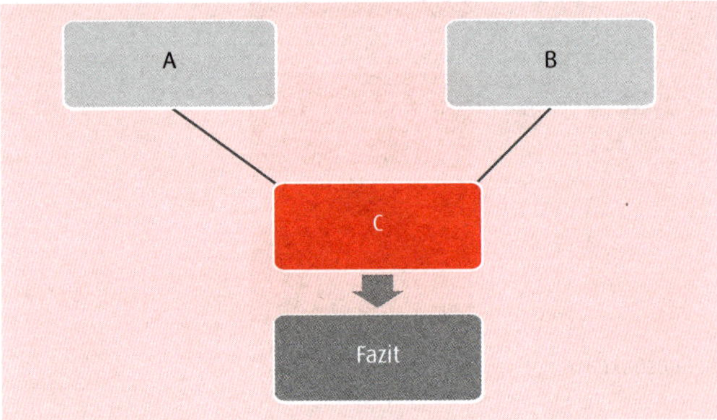

Synthesestruktur

Bekanntes kann am besten vertieft werden, indem Sie Ihr Publikum von allgemeinen Aspekten zu einzelnen speziellen Unteraspekten führen.

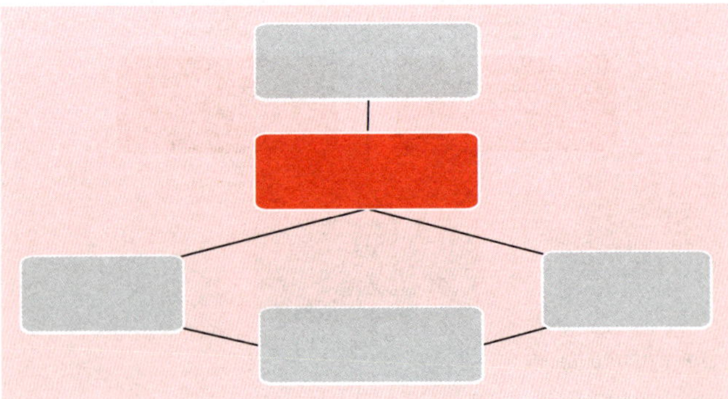

Vom Allgemeinen zum Besonderen

Spezielle Teilaspekte können Sie hervorheben, indem Sie zunächst auf die bekannten Aspekte eingehen, sie bewerten und dann zum unbekannten Punkt springen.

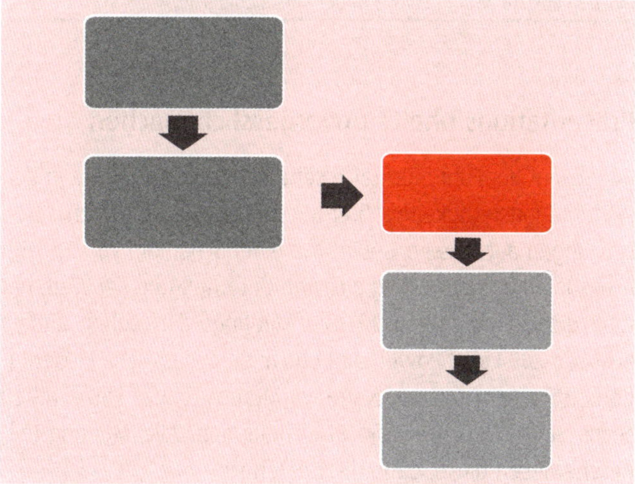

Ausklammerungsstruktur

Effektiver Redeeinstieg: Schaffen Sie eine Kontextualisierung

Schaffen Sie einen Kontext für Ihr Publikum oder Ihr Gegenüber. So stellen Sie sicher, dass es versteht, was Sie meinen. Rücken Sie also den »Verstehens-Hintergrund« für Ihr Gegenüber in den Fokus.

BEISPIEL

»Damit Sie unsere logistische Spitzenleistung bei der Bahn richtig einordnen, führen Sie sich bitte folgende Fakten vor Augen ... 240.000 Mitarbeiter ... 55.000 Zugverbindungen ... jährliches Investment von ... 1 Milliarde Gäste machen uns zur Nr. 1 in Europa in der Personenlogistik.«

Präsentationsinhalte unvergesslich machen

64 Prozent der Führungskräfte sehen erhebliche Defizite in den Präsentationsfertigkeiten ihrer Mitarbeiter. Sie bewerten deren Leistungen auf diesem Gebiet mit einer Schulnote von 2,8. Bei Amazon, einem der erfolgreichsten Unternehmen der Welt, hat man diese Probleme nicht. Die Meetings dort sehen anders aus. Seit 2004 sind PowerPoint und andere klassische Präsentationssoftware untersagt. Narrative Memos (ganze Sätze, bis zu sechs Seiten) ersetzen die Präsentationen. Alle Meeting-Teilnehmer lesen diese, dann diskutieren sie.

Die Vorteile dieser Methode:

- Storys bleiben bis zu 22 Mal besser im Gedächtnis als reine Fakten.
- Die Vorbereitung stärkt die Durchdringung der Materie und auch die Ausarbeitung der Argumentationslogik.

Gute Vorbereitung ist die halbe Miete

- Unerwartete Situationen treten immer wieder ein. Alles andere können Sie vorbereiten.
- Jede Rede, jeder Vortrag, jede Präsentation trägt negativ oder positiv zu Ihrem Image bei: Also bereiten Sie sich gründlich vor! Lassen Sie beispielsweise Ihre Präsentationsfolien oder -slides, Ihre Texte bei Handouts gegenlesen und auf Orthografie und Rechtschreibung prüfen. Gerade in den eigenen Texten fallen Ihnen Rechtshreipfehler selten auf, wohl aber anderen.

BEISPIEL

Eine Pharmareferentin redete über Erektionsstörungen. Auf der Folie war jedoch »Errektionsstörungen« zu lesen – die Kompetenz und der Sachverstand waren dahin.

- Gegen Lampenfieber hilft nur eines: Vorbereitung!

Lernen Sie von Spindoctors

1984 tauchte der Begriff des Spindoctors das erste Mal in der New York Times auf, 1995 verewigte ihn das Oxford Dictionary. Ein Spindoctor ist demnach ein »politischer Sprecher, angestellt, um den Medien eine günstige Interpretation von Ereignissen zu vermitteln«. Doch der Spindoctor hat den Raum des Politischen bereits verlassen. Er ist ein Gewächs der modernen Informationsgesellschaft, einer, der die Informationen im Dialog mit den Medien händelt.

Ein Spindoctor ist heutzutage Regisseur, Mediendompteur und Redestratege in einer Person. Kein Wunder, dass ihn die Gegenseite, die Gegenpartei sehr häufig mehr fürchtet oder hasst als das eigentliche Aushängeschild, den Parteikandidaten oder Vorstandsprecher eines Unternehmens.

Spin bedeutet Anschnitt, Drall. Der Spindoctor sorgt also dafür, dass die richtige Botschaft, der wichtigste Aussagepunkt optimal positioniert wird. Kein Rededuell, keine Pressekonferenz, die ohne den Marionettenhalter im Hintergrund abläuft.

Wie bei einem überzeugenden kulinarischen Gericht müssen alle Zutaten fein aufeinander abgestimmt sein, damit sich die geschmacklich höchste Wirkung entfalten kann. Und genau das ist die Kunst des Spindoctors. Doch PR-Künste allein reichen nicht aus, wichtig ist ebenso, dass die Botschaft stimmig ist.

Spindoctors planen die Medienereignisse, bei Managern situationsbezogen, bei Politikern vor allem in Wahlkampfphasen tageweise. Dazu gehört nicht nur, welche Argumente die Gegenseite vorbringen wird, sondern auch, wie man ein Ying/Yang auf der emotionalen Klaviatur spielt, die Zuhörer immer wieder bezaubert.

Klar, dass jede Information und jede Argumentation der eigenen Seite wie auch der Gegnerschaft analysiert und reflektiert werden. Notfalls sogar direkt konterkariert, denn vor allem die digitalen Medien leben von einer schnellen Reaktionszeit. Und Spindoctors wissen, wie welche Medien wann ticken, welche Forderungen man an sie stellen kann, welchen Bedarf, oder wichtiger, welche Bedürfnisse sie haben. Sie erspüren die Eitelkeiten der Journalisten und Redakteure. Kurzum, sie kennen die Manipulationsansatzpunkte en detail.

Aber sie springen auch dem Journalisten zur Seite, erklären Zusammenhänge oder politisch-wirtschaftliche Mechanismen und deren Zusammenspiel. Barmherzig wie Samariter bieten sie Entscheidungs- und Interpretationshilfe an, ohne diese jedoch so zu nennen.

Machen Sie es wie die Spindoctors: Gehen Sie mit Strategie und Plan vor. Bei jeder größeren Redegelegenheit oder schwierigen Verhandlungen, diffizilen Moderation oder komplexen Präsentation checken Sie bitte gegen:

- Welches **Ziel** verfolge ich mit der Veranstaltung? Hierbei gilt es abzuklären, ob Sie beispielsweise nur über ein Projekt referieren wollen oder ob Sie eine konkrete Abstimmung herbeiführen möchten.
- Was ist meine konkrete **Kernbotschaft**? Schreiben Sie diese in einem Satz fest und koppeln Sie sie zugleich mit einer appellativen Aussage, die einfach, prägnant und unmissverständlich sein muss.

- Welche **Target Group/Zielgruppe** spreche ich an? Legen Sie genau fest, wer Adressat Ihrer Kernbotschaft und der daraus abgeleiteten Informationen ist. Unwahrscheinlich, dass Sie sich bei einer größeren Runde an alle Anwesenden zu richten haben. Und selten ist eine Kernbotschaft ein Breitbandantibiotikum für alle Befindlichkeiten.
- Auf welche differenzierten **Interessengruppen** stoßen Sie bei der Veranstaltung? Klären Sie deren Primärmotive und Sekundärmotive, offen dargelegte und nicht kommunizierte ab. Checken Sie gegen, wer wie auf Ihre Botschaft und Ihr Ziel reagiert, wer es eventuell torpedieren oder gar boykottieren könnte. Überprüfen Sie, mit welchen Methoden, Techniken und Aussagen Sie diese unterschiedlichen Motivationen abfedern, außer Kraft setzen oder positiv verstärken. Detailgenauigkeit heißt im Ernstfall: alle entkräftenden Argumente auf eventuelle Gegenargumente überprüfen und eine wasserdichte Argumentationskette aufbauen. Überlegen Sie, wer Opposition betreiben könnte oder wer Koalitionspartner wäre.

Zielsetzung ist es natürlich, möglichst alle Beteiligten ins Boot zu holen, aber immer wieder werden Sie auf Betroffene stoßen, denen Sie es nicht recht machen können. Fokussieren Sie sich deshalb auf Ihre Kernzielgruppe.

- Arbeiten Sie einen sauberen **Einstieg** aus: Dazu gehört auch die Überlegung, ob Sie bezüglich Ihrer Zielsetzung alle Karten aufdecken oder sogar andere, für Sie untergeordnete Zielsetzungen vorordnen, damit sich eventueller Widerstand dort festbeißt.

- Checken Sie Ihre **Glaubwürdigkeit, Authentizität und Ihr Standing**: Fragen Sie sich, was Sie persönlich in die Waagschale zu werfen haben und welche Auswirkung diese Einwirkungen haben. Was nimmt man Ihnen ab? Was macht Ihre Glaubwürdigkeit aus? Was erwartet man von Ihnen? Welchen »Ruf« haben Sie? Welches Image besitzen Sie? Wogegen müssen Sie ankämpfen?
- Nehmen Sie sich **Zeit für das Erreichen Ihres Zieles**: Viele Wege führen nach Rom, aber niemals gegen den Widerstand aller Beteiligten. Wo die Mehrheit bestimmt, können Sie sich in einem fairen Austausch die Mehrheit sichern. Häufig sind aber die Umstände widrig und es geht nicht unbedingt demokratisch zu. Fragen Sie sich, ob Sie trotzdem an dieser Stelle eine Zielsetzung postulieren oder ob Sie den Termin verschieben. Der kluge Mensch kennt den richtigen Zeitpunkt. Wer sich auch bei einer turbulenten Auseinandersetzung die Zeit für eine überzeugende und souveräne Argumentation nimmt, der strahlt Sicherheit und Standing aus. Und nur so überzeugen Sie letztendlich.

Klare Sprache

Verwenden Sie eine Fakten schaffende, eine »faktizierende« Sprache

BEISPIEL: TED KENNEDY

»Ich denke, das ist eine, ähhh, es gab ein paar schwierige Zeiten, aber ich denke, wir haben – wir haben, denke ich – wir sind in der Lage, gute Fortschritte zu machen und es ist – nun, also, ich würde sagen, dass es – es – es ist sehr schön, dass wir die Zeit und die Beziehung teilen können, die wir – ähhh, die wir teilen.« (Senator »Ted« Kennedy auf die Frage nach dem Stand seiner Ehe)

Damit es Ihnen nicht so ergeht wie Ted Kennedy im Beispiel, beherzigen Sie folgende Regeln:

- Formulieren Sie immer im Präsens. Glauben Sie mir: Das geht!
- Sie reden über Ereignisse aus der Vergangenheit? Dann bringen Sie im Präsens die Relevanz für das Hier und Jetzt (im Griechischen auch Kairos genannt) zur Sprache. Ein Beispiel: »In meine Beratung fließen mein theologischer Hintergrund und meine langjährige journalistische Expertise ein.«
- Streichen Sie Weichmacher und Relativierungen, also Begriffe wie eigentlich, vorstellbar, wahrscheinlich, eventuell.
- Verzichten Sie auf Fülllaute wie äh, ähm etc.
- Bringen Sie die Dinge so präzise wie möglich auf den Punkt. So vermeiden Sie Fragezeichen beim Zuhörer.

Adressieren Sie Ihr Gegenüber richtig und vermeiden Sie entpersonifizierte und Man-Botschaften

Stellen Sie Ihr Gegenüber in den Mittelpunkt. Das gelingt Ihnen, indem Sie Ich-Botschaften so weit wie möglich mit Du- bzw. Sie-Botschaften ersetzen.

Verwenden Sie Ich- und Wir-Botschaften nur dann, wenn Sie Ihre Team- oder Unternehmensaktivitäten sowie Ihre Identität und die Identifikation mit Ihrem Unternehmen hervorheben möchten. Nehmen Sie ansonsten die Perspektive Ihres Auditoriums ein.

Ein Beispiel: »Vielen Dank, dass Sie sich Ihre geschätzte Zeit nehmen und sich über die Vorteile in der Zusammenarbeit mit unserem Unternehmen informieren ...«

Verzichten Sie gänzlich auf Man-Botschaften. Sie wirken auf Ihr Publikum distanziert und emotionslos.

Streichen Sie konsequent Konjunktive

- Räumen Sie auf mit argumentativen Absichtserklärungen oder illusorischen Wunschvorstellungen. Streichen Sie Wörter wie hätte, könnte, sollten, müssen, dürfen, möchten.
- Schaffen Sie Fakten und formulieren Sie orientierungsgebend, ergebnissichernd.

Der Wortschatz-Check

Überprüfen Sie Ihren **Wortschatz,** vor allem bei Vorträgen und Präsentationen.

- Was sind Ihre **Lieblingsworte**? Sie erkennen Sie daran, dass sie sie besonders oft und gerne verwenden. Überlegen Sie sich Synonyme dazu, also Worte mit gleicher Bedeutung.
- Lassen Sie **Wortungetüme** oder altmodische Worte oder das klassische »Beamtendeutsch« weg. Streichen Sie also auch umständliche Formulierungen. Beispiel: Ersetzen Sie »unter Einbeziehung« mit »durch«).
- Verzichten Sie auf überflüssige **Fremdwörter** oder komplizierte Sachverhalte, die zur Verwirrung der Zuhörer oder des Auditoriums führen.

BEISPIEL

»Gott ist das alius ordinans supra mundo in essentia und substantia, in seiner Dass-Gegebenheit und Wie-Beschaffenheit, zu erfassen in seiner Seinsmächtigkeit!«

Alles klar?

Vermeiden Sie Glaubenssätze ... diese gehören in die Kirche

- Konzentrieren Sie sich auf die Fakten.
- Streichen Sie verbale Hoffnungssignale. Also weg mit Formulierungen wie beispielsweise »ich denke«, »ich glaube«, »unsere Mitarbeiter versuchen«, »wir hoffen«, »ich vermute«, »wir dürfen«!

Verzichten Sie auf pseudo-rhetorische Fragen – senden Sie lieber Botschaften

Echte rhetorische Fragen sind Fragen, die aus dem Zusammenhang heraus bereits beantwortet sind und daher keinerlei Antwort mehr bedürfen. Nicht darunter fallen Informationsfragen, die Ihr Gegenüber gerne beantworten möchte.

Nicht zu verwechseln mit rhetorischen Fragen sind suggestive Fragen, die dem Befragten etwas unterstellen (»Stimmt`s?«). Beispiel: »Wir sind so erfolgreich durch unsere Mitarbeiter, stimmt's?«

Halten Sie es einfach mit Robert Koch: »Die Frage ist so gut, so dass Sie diese nur mit Ihrer Antwort verderben!«

Nutzen Sie ausschließlich positive Formulierungen

Streichen Sie konsequent alle negativen Botschaften, alle Nicht-Botschaften. Verzichten Sie auf Wörter wie »nicht«, »kein«, »ohne« oder ähnliche Begriffe.

Streichen Sie Redewendungen wie:

- Bitte verstehen Sie mich nicht falsch.
- Das ist keineswegs meine Absicht.
- Ohne Ihnen nahetreten zu wollen, ...

Es funktioniert mit etwas Übung!

Verzichten Sie auf paradoxe Botschaften

Paradoxe Botschaften sind Aussagen, die genau das Gegenteil von dem bewirken, was beabsichtigt ist.

So führt die Floskel »Bleib locker!« dazu, dass Ihr Gegenüber blockiert. Der Satz »Rege dich bitte nicht auf!« erhöht seinen Blutdruck. »Ja, nee, ist klar!«, wie der Rheinländer sagt ...

Setzen Sie Anker mit Bewertungen

Nutzen Sie konsequent

- bewertende Adjektive,
- bewertende Adverbien.

Geschickt eingestreut verankern Sie so Ihre Bewertungen im Gehirn des anderen.

BEISPIEL

»Bitte schauen Sie sich unsere erfolgreiche Strategie an. Unsere Marktanalyse erweist sich als sehr genau in der Differenzierung ...«

Referenzieren Sie Ihre Aussagen

Haken Sie Ihre Aussagen inhaltlich ab, indem Sie referenzieren.

BEISPIELE

»... dies bestätigen unsere differenzierten Marktanalysen!«

»... Mehr als 10.000 unserer Kunden legen besonderen Wert auf diese besondere Applikation!«

Setzen Sie gehirngerechte Anker

Gehirngerechte Anker sind Aussagen, die sich bei Ihrem Publikum oder Ihrem Gesprächspartner einbrennen. Mit phonologischen Schleifen gelingt dies besonders gut.

Wiederholen Sie dazu wortwörtlich die gleiche Aussage, die gleiche Struktur, die gleichen Worte.

BEISPIEL

»Profis arbeiten mit Profis!« – und noch einmal: »Profis arbeiten mit Profis!«

Setzen Sie Anker für das ereignisbasierte Gedächtnis

Ihrem Gesprächspartner oder Ihrem Publikum bleiben Gesten besonders gut im Gedächtnis. Betonen Sie daher wichtige Aussagen beispielsweise, indem Sie

- mahnend Ihren Zeigefinger oder Ihre Faust heben,
- auf Ihr Rednerpult mit Ihrer Faust schlagen,

Denken Sie daran: Übertreiben Sie es nicht. Manchmal ist weniger mehr. Setzen Sie die Signale in bekömmlichen Dosen ein.

Intellektuelle Anker: Nutzen Sie mentale Abkürzungen

Ihrem Auditorium fehlt beispielsweise die Kenntnistiefe? Dann schildern Sie das Thema aus der Sicht eines Laien. Betonen Sie dann, dass es im Expertenkreis mit einem speziellen Fachausdruck belegt ist. Und wiederholen Sie den Fachausdruck.

Verwenden Sie Kontrast-Anker in Ihrer Rede

Nennen Sie Preisbeispiele oder Zahlen – und überraschen Sie dann mit Ihren Zahlen!

BEISPIEL

Die Türkei hat circa 80 Millionen Einwohner. Griechenland ist halb so groß. Wie viele Einwohner hat also Griechenland? Spontan sagen viele 40 Millionen. Und das ist falsch.

Setzen Sie gezielt Wirkungspausen ein

Wir sprechen oft sieben- bis achtmal schneller, als Zuhörer dies aufnehmen können. Erleichtern Sie sich das Sprechen und Ihrem Publikum das Aufnehmen der Informationen durch gezielte Pausen.

Deutliche Wirkungspausen entstehen mit Formulierungen wie beispielsweise »Fazit: ...«, »Nochmals: ...«

Durchbrechen Sie Frage-Antwort-Muster

Nicht immer führt der Fragende (siehe hierzu näher Kapitel »Die Schattenseiten der Kommunikationsregeln«), allerdings nötigen Fragen sehr schnell zur Rechtfertigung. Und wer sich rechtfertigt, der findet sich fix auf der Verliererstraße wieder.

Wie Sie Rechtfertigung vermeiden? Hinterfragen Sie Fragen kritisch, entkräften Sie Fragen und bewerten Sie sie.

Zahlen – Daten – Fakten (ZDF) greifbar machen

Sind 1.000 Kunden viele oder wenige? Bilden 5.000 Verwaltungsangestellte einen Wasserkopf? Sind 100 Millionen Euro ein toller Umsatz oder ein Minusgeschäft? Setzen Sie die Interpretationsspielräume Ihres Publikums auf null: Bringen Sie Zahlen, Daten, Fakten in Relation zueinander. Machen Sie damit Größenordnungen zu »Ankergrößen«.

Wider das Vergessen: Wiederholung

Damit Ihre Botschaft im semantischen, episodischen und Arbeitsgedächtnis Ihres Publikums bleibt: Wiederholen Sie Ihre Botschaft!

Damit Ihre Botschaft im semantischen, episodischen und Arbeitsgedächtnis Ihres Publikums bleibt: Wiederholen Sie Ihre Botschaft!

Damit Ihre Botschaft im semantischen, episodischen und Arbeitsgedächtnis Ihres Publikums bleibt: Wiederholen Sie Ihre Botschaft!

Sprechen Sie im richtigen Rhythmus

Vergessen Sie ganze Sätze. Sprechen Sie lieber langsam und in

- Sequenzen,
- Halbsätzen,
- Sinneinheiten.

Ihre Vorteile:

- Sie unterstreichen damit Ihre Kompetenz.
- Sprachmarotten (»äh«) entfallen.
- Sie betonen optimal und akzentuieren.

Kurz und knapp

Formulieren Sie kurze Sätze. Verzichten Sie auf Schachtelsätze, die aus der Aneinanderreihung von Nebensätzen entstehen.

Prägnante Hauptsätze reduzieren Ihr Sprechtempo und schaffen zusätzliche Dramaturgie. Das erleichtert Ihnen auch das Atmen, wenn Sie aufgeregt sind. Halten Sie es in Vorträgen oder bei Reden mit Luther: »Steh frisch auf, tu`s Maul auf, hör bald auf!«

Erst nachdenken, dann sprechen

Auf »dumme Gedanken« kommt ein jeder von uns, der Weise jedoch verschweigt sie. Also lieber einmal mehr nachdenken, als spontan das Falsche sagen!

Tauschen Sie Ihre brillanten Gedanken zunächst einmal mit anderen aus, bevor Sie damit in die Öffentlichkeit gehen, denn bereits Mark Twain warnt: »Das schönste aller Geheimnisse besteht darin, ein Genie zu sein ... und es als einziger zu wissen.«

Verzichten Sie auf Selbstironie

Unser Gehirn verarbeitet natürlich auch Ironie. Selbstironie von anderen wertet es allerdings oft falsch. Verzichten Sie auf Selbstironie, denn diese stellt Sie infrage. Verlegen Sie sich stattdessen lieber auf Ironie, selten Zynismus und spärlich Sarkasmus. Aber Vorsicht: Nicht jede Doppeldeutigkeit, die Sie selbst sofort heraushören, kommt bei allen anderen an. Es ist immer eine Frage des Selbstverständnisses, wie andere sie werten.

BEISPIEL

Stellen Sie sich vor, Sie sagen: »Manche halten mich für einen Trottel!«. Was ist, wenn Ihr Gegenüber oder Ihr Publikum jetzt nicht das Gegenteil denkt oder zumindest Spielraum für Interpretationen sieht?

Trojanisches Pferd mit drei Buchstaben: LOB

Bringen Sie Ihrem Gegenüber sanft und maßvoll Wertschätzung und Respekt entgegen. Lob nimmt jeder gerne an. Es führt dazu, dass Ihr Gesprächspartner sich leichter von Ihren Ansichten überzeugen lässt und diese besser akzeptiert.

Implikaturen oder doch Klartext?

Implikaturen sind Andeutungen, die uns erlauben, Dinge zu sagen, die wir allerdings anders meinen.

Klartext hingegen kommt – richtig dosiert – bestens an! Lassen Sie also Emotionen zu: Blöd gelaufen? »So ein Käse!« ... und zur Abschwächung dann ein lachendes »Sorry!«.

Ihr Kopf ist rund, wechseln Sie einfach die Denkrichtung

Was bedeutet O77VH? Sie wissen es nicht? Lesen Sie es auf dem Kopf ...

Reden machte Ihnen bisher keinen Spaß? Wechseln Sie Ihre Denkrichtung!

Ein Bild sagt mehr als 1.000 Worte?

Nein, vergessen Sie es. Bilder sind interpretativ.

Nur das richtige Bild verankert Ihre Botschaft ... und zwar nur, wenn Sie dazu bewusst die richtigen Worte wählen!

Schleifen Sie an Ihren Formulierungen – optimieren und emotionalisieren Sie Ihren Redestil

Jegliche Aussage oder Botschaft, die Sie rein informativ aufsetzen oder als reines Fakten-Statement in den Raum stellen, erreicht oder verfehlt Ihren Zuhörer. Seit der Antike nutzen deshalb die wirklich guten Redner deshalb sogenannte Tropen (Redeschmuck) und Gedankenfiguren, um andere zu überzeugen. Es handelt sich dabei um Kunstgriffe der Überzeugungsarbeit, die wir häufig kennen, aber selten richtig zuordnen. In den folgenden Abschnitten beleuchte ich besonders wirksame dieser Stilmittel näher.

Allegorie: Parallelen ziehen

Sprechen Sie über theoretische oder abstrakte Ereignisse, Prozesse oder Abläufe, dann nutzen Sie Allegorien. Dazu flechten Sie Gegenstände, Lebewesen oder andere Vorkommnisse vergleichend ein.

BEISPIELE

Über die Pisten von Graubünden schwang sich einst der englische Thronfolger Prinz Charles mit der Lockerheit des rieselnden Pulverschnees.

Die Idee ist einfach und genial, genial einfach, wie das Ei des Columbus.

Analogie: Vergleiche herstellen

Sprechen Sie Verhältnismäßigkeiten, Entsprechungen und Ähnlichkeiten in Analogien aus.

BEISPIELE

»Der Unterschied zwischen dem richtigen Wort und dem beinah richtigen Wort ist der gleiche wie der zwischen Blitz und Glühwürmchen.« (Mark Twain)

Der Stein lässt sich widerstandslos durch den Bildhauer bearbeiten, der Gesetzgeber hingegen bearbeitet einen widerstrebenden Stoff, die menschliche Freiheit.

Anapher: Mehrmalige Wiederholung von Worten

Dramaturgie schaffen Sie mit einer Anapher. Dieses ist die Wiederholung eines oder mehrerer Worte am Anfang aufeinanderfolgender Sätze oder Satzteile.

BEISPIELE

Für den Körper, für die Sinne!

Was wir denken, ist nachgedacht, was wir tun, ist willkürlich, was wir sind, bleibt offen.

Mehr Leistung, mehr Engagement, mehr Verantwortung.

Anadiplose: Wortwiederholung am Anfang und am Ende

Würzen Sie Aussagen mit einer Anadiplose und wiederholen Sie ein Wort am Ende und Anfang zweier Teilsätze. Das schafft zusätzliche Betonung und Dramaturgie.

BEISPIELE

Er ist ein bemerkenswerter Mann, ein Mann, der weiß, wovon er spricht.
Wie die Kirche diese vermeintliche Aufarbeitung nennt, ist egal, egal ist jedoch nicht …

Antonomasie: Umschreibung eines Eigennamens

Kennen Sie eine Antonomasie? Dabei ersetzt eine Umschreibung oder auch ein Beiname den richtigen Namen und weckt damit zusätzlich Emotionen.

BEISPIELE

Zum Interview erschien auch Kaiser Franz (Beckenbauer).

Juan Arango ist ein Fußballgott.

Sie ist unser Küken/er ist unser Benjamin (die Jüngste, der Jüngste).

Complexio: Wortwiederholungen in parallelen Sätzen

Sprachspielen Sie mit der Complexio, auch Symploke genannt. Sie besteht aus mehreren Wortwiederholungen in parallelen Sätzen. Sie verbinden damit Beharrliches und Insistierendes (Anapher) mit ausklingender Ruhe (Epipher).

BEISPIEL

Sein Leben ist geprägt von der Rechtschaffenheit, seine Freunde vertrauen seiner Rechtschaffenheit, sein Leben ist eine Kulmination der Rechtschaffenheit.

Distinctio: Hervorhebung eines Wortes

Erlernen Sie das Stilmittel der Distinctio. Dabei verwenden Sie ein Wort in seiner ursprünglichen Bedeutung, betonen es dann allerdings nochmals zur Steigerung oder in Ironie.

BEISPIEL

Zu einem Firmen-Fest einzuladen, ist ein Leichtes. Damit es aber keine »schöne Bescherung«, sondern ein wirkliches Fest ist, investieren Sie bitte auch Zeit in die Vorbereitung ...

Enumeratio: Aufzählungen

Würzen Sie die Eindringlichkeit Ihrer Aussagen mit Aufzählungen, auch Enumeratio genannt. Werden die Worte mit Verbindungsworten (und, oder, sowie) aneinandergereiht, sprechen wir von einem Polysyndeton. Ohne Verbindungsworte ist es ein Asyndeton. Sie alle spiegeln Intensität in der Beschreibung wider.

BEISPIELE

Jesus Christus spricht: »Ich bin der Weg, die Wahrheit, das Leben, das Licht!«

Es schneit und schneit und schneit und schneit und ... –

Die Flüchtlinge rennen, fliehen, laufen, flüchten.

Emphasen: Betonungen

Lockern Sie Ihre Aussagen durch Emphasen auf. Dabei ersetzen Sie präzise Darstellungen durch überhöhten Bedeutungsumfang.

BEISPIEL

Der Papst ist doch letztlich auch nur ein Mensch (der Fehler hat und solche begeht) – er steht seinen Mann (ist standhaft, stark).

Epipher: Wortwiederholungen am Ende

Sagt Ihnen der Begriff Epipher etwas? Er steht für die Wiederholung einzelner Worte am Ende, entweder von Sätzen oder Satzteilen. Damit können Sie besonders gut Beharrlichkeit oder Sturheit, Konsequenz oder Einbahnstraßen-Mentalität zum Ausdruck bringen.

BEISPIELE

Sie kann alles, weiß alles, tut alles, verantwortet alles – kurzum: sie ist der Konzern.

Ende gut, alles gut – Hoffentlich Allianz versichert.

Drei Tore braucht der Landwirt zum Glück: Haustor, Scheunentor, Traktor.

Evidentia: Detaillierung dank Häufung

Bei einer Evidentia wird ein Hauptgedanke in mehrere ähnliche Teilgedanken gesplittet und somit detailliert. Ein tolles Beispiel zitiert Beat Schaller mit seinem Verweis auf Gandhi: »Es ist leicht für uns, von Gott zu sprechen nach einem guten Frühstück und vor einem besseren Mittagessen: aber wie soll ich den Millionen Menschen, die täglich auf zwei Mahlzeiten verzichten müssen, von Gott sprechen? Für sie kann sich Gott nur in Form von Brot und Butter offenbaren.«

Und ein weiteres Beispiel: Die katholische Kirche besitzt in Deutschland geschätzt ca. 200 Milliarden Euro, warum hungern dann so viele Mitbürger und vor allem Kinder? Weil Besitz nicht satt macht.

Gemination: Verstärkung durch wortwörtliche Wiederholung

Spielen Sie mit der Gemination. Hier wird eine Aussage wortwörtlich wiederholt, was einen Verstärkungseffekt schafft. Damit lassen sich beispielsweise ein »Point of no Return« oder Gradlinigkeit betonen.

BEISPIELE

»Liebe mich, liebe mich einfach, das ist mein einziger Wunsch.« – »Nochmals: unsere Beziehung ist zu Ende, schlichtweg vorbei, v o r b e i.«

Für Donald Trump galt: gewählt ist gewählt.

Klimax: Steigerung Schritt für Schritt

Überzeugende Bilder gestalten Sie mit der Gradatio oder Klimax, bei der Ausdrücke stufenartig gesteigert werden. Damit lassen sich (scheinbar) konsequente oder logische Gedankengänge gut darstellen.

BEISPIEL

Amazon ist ein gefräßiges Raubtier, das erst den Bücherhandel revolutioniert, dann die Musikbranche, dann das Filmgeschäft, jetzt selber Filmgeschäft betreibt, die Logistik durcheinanderwirbelt, in das Bankengeschäft einsteigt und sich die Versicherungen vornimmt – und das kopiert jetzt Alibaba aus China ...

Homonyme: Teekesselchen

Bilden Sie für den intellektuellen Genuss oder die geistreiche Unterhaltung Homonyme. Sie sind nichts anderes als Begriffe, die auch aus dem Wortspiel »Teekesselchen« geläufig sind. Verwenden Sie dazu einfach Worte, die identisch sind, aber differenzierte Bedeutungen ausweisen.

BEISPIEL

Es ist tragisch, wie sich für Lisa die *Umstände* änderten, nachdem sie in *andere Umstände* geriet.

Hyperbeln: Übertreibungen

Setzen Sie Hyperbeln ein, wenn Sie Begeisterung, Engagement und Motivation oder etwas anderes in intensiver Weise ausdrücken möchten. Hyperbeln sind glaubhafte und überzeugende Übersteigerungen.

BEISPIELE

Das Hemd ist blütenweiß.

Sein Tag war rabenschwarz.

»Es ist ein Turm, dessen Spitze in den Himmel reicht!« (aus der Bibel, Buch Genesis, Kapitel 11,4)

Metaphern: bildhafte Vergleiche

Nutzen Sie Metaphern. Das sind bildhafte Vergleiche, die das Gemeinte emotional fassbar und einprägsam gestalten.

BEISPIELE

Er ist der Fels in der Brandung.

Sie verstarb in der Blüte ihres Lebens.

Es handelt sich um eine himmelschreiende Ungerechtigkeit.

Metonymie: Steigerungen der Metapher

Formulieren Sie eine Metonymie. Dieses sind Königsfiguren in der Metapher, die eine reale Beziehung zwischen dem verwendeten und dem eigentlichen Wort herleiten. Reizworte stellen dabei Assoziationen/ gedankliche Verknüpfungen her.

BEISPIELE

Treffen wir uns auf ein Gläschen?

Schauen Sie sich bitte den neuen James Bond an – er benimmt sich wie ein gehörnter Sizilianer (eifersüchtiger, weil betrogener Partner).

Reden wir über Freiheitskämpfer oder Rebellen, über Demonstranten oder Chaoten?

Oxymoron: Verknüpfung von Gegensätzen

Beherrschen Sie die verbale Kampfkunst des Ossimoro? Nein? Schade, denn mit diesem rhetorischen Stilmittel, das wir hierzulande als Oxymoron kennen, können Sie subtile und scharfsinnige Verknüpfungen, feinsinnige Pointierungen gegensätzlicher Wörter oder irritierende Beschimpfungen formulieren.

BEISPIELE

»Hey, alter Knabe!«

Der Wolf im Schafsfell

Ein liebenswertes Arschloch

Der Papst ist unfehlbar, selbst in seinen Verwirrungen.

Paraphrasen: Umschreibungen

Würzen Sie Redeanteile mit Paraphrasen oder Periphrasen. Dabei verwenden Sie umschreibende Formulierungen, um beispielsweise anstößige oder zu verfremdende Begriffe zu ersetzen. Gestelzte Effekte können Absicht sein.

BEISPIELE

»Der, dessen Name nicht gesagt wird« (der andere Name für Voldemort, dem Bösen in der Geschichte Harry Potters)

Setze dich endlich auf deine vier Buchstaben!

Paronomasie: Jonglage mit der Ähnlichkeit

Versuchen Sie es mit Paronomasie und spielen Sie mit Worten, die sich nur geringfügig voneinander unterscheiden, aber einen völlig anderen Sinnzusammenhang erschließen und dadurch überraschen.

BEISPIELE

Ihr müsst ihn ja nicht gleich *ver*nehmen, aber *vor*nehmen könntet ihr ihn euch schon einmal.

Er rastet zwar nicht, aber er rostet durch seinen geistigen Vorruhestand.

Reditio: Dasselbe nochmal

Lernen Sie die Reditio schätzen. Dabei spiegelt das letzte Wort das einleitende Wort Ihrer Aussage wider und schafft damit Dramaturgie.

BEISPIELE

Gehe, in Himmels Namen, mit Gott, aber gehe!

Karsten Bredemeier, denn: Profis arbeiten mit Profis!

Synekdochen: Eines für alles oder alles für einen

Variieren Sie Ihre Aussagen mit Synekdochen. Dabei stehen Teile für das Ganze, die Einzahl für die Mehrzahl – oder entsprechend umgekehrt (»Pars pro toto« oder »Totum pro parte«).

BEISPIELE

Er lupfte das Leder (Ball) über den Torwart hinweg ins leere Tor.

Der Buchstabe (Wortlaut) des Gesetzes

Storytelling und Zitate: kraftvoller Mix

Zitate und Narratio oder moderner Storytelling können, wenn sie klug miteinander kombiniert sind, eine kraftvolle Wirkung entfalten.

BEISPIEL

Geld allein macht selten glücklich. Ein guter, alter Freund und mehrfacher Millionär beschließt, mit 60 in den Ruhestand zu treten. Doch dann schiebt er es noch Jahr um Jahr. Mit 65 überrascht ihn das Leben: Krebs. Seit drei Jahren nun ist er in Behandlungen. Zugegeben, die Pflege und die lebenserhaltenden Medikamente sind besser als noch vor Jahren ... doch was sagt der große Philosoph Ernst Jünger: »Füge nicht dem Leben Jahre, sondern den Jahren Leben hinzu!«...

> Wenn Sie Geschichten erzählen, dann bitte im Präsens!

Soziopsychologische Autoritätsmuster

Unterstreichen Sie Ihre Glaubwürdigkeit durch soziopsychologische Autoritätsmuster. Messbarkeit ist Ihr Erfolgsindikator und Statistiken ziehen immer.

BEISPIELE

Aus einer Werbung für Zahnpasta: »... % aller Zahnarztfrauen ... würden ... empfehlen« (Sie fragen sich, was diese als Expertinnen qualifiziert? Da sind wir schon zu zweit!).

Nach dem Lesen und Verinnerlichen der Elevator-Tipps in diesem Taschen-Guide steigert sich Ihre Überzeugungskraft um 58 %! (... wenn nicht, liegt es an Ihrem Outfit oder Aussehen ...)

Nach bereits fünf Anwendungen wirkt (Achtung: Marketing!) Ihr Gesicht frischer ...

Passende Körpersprache

Körpersprache, so stellte Michael Argyle einmal in seinem grundlegenden Werk »Körpersprache und Kommunikation« (Argyle, 1985) fest, spielt in unserem Sozialverhalten eine zentrale Rolle, auch wenn wir ihr (leider) weniger Bedeutung als dem gesprochenen Wort zuerkennen.

Moderne Forschung hat gezeigt, dass die Signale und Reize, die ausgesendet werden, komplizierter und variantenreicher ablaufen, als es bislang angenommen wurde. Die nachfolgenden Ausführungen geben deshalb in Anlehnung an Michael Argyle einen ersten Überblick. Grundsätzlich klassifizieren wir folgende Signale:

- Gesten/Handbewegungen
- Kopfbewegungen oder/und andere Körper(teil)bewegungen
- Körperhaltung /-ausdruck /-ausrichtung

- Gesichtsmimik/-ausdruck
- Blickkontakt und -richtung (Fokussierung)
- räumliche Distanz bzw. Nähe (Distanzzonen)
- Körperkontaktformen (Berührungen)
- Nebenaspekte von Kleidung, Schmuck, usw. (äußerliche Zeichen)

Jeder dieser Bereiche wiederum ist in ein ganzes Spektrum von Variationen zu teilen. Nehmen wir beispielsweise nur einmal den Blickkontakt. Dieser kann sich in Länge oder Flüchtigkeit des Augen-Kontaktes, Blickabwendung oder intensives Starren, Pupillen-Größe/-weitung, während der Redensequenzen oder beim Schweigen, flüchtigen Blicken äußern und somit divergieren.

Die Grundregeln zur Interpretation von Körpersprache

- Körpersprache oder einzelne ihrer Signale sollten in einem Kontext von mehrdimensionaler Decodierung entschlüsselt werden. Einzelne Signale für sich zu bewerten, kann zu Missverständnissen führen oder zu eng gefassten Interpretationen.
- Körpersignale werden grundsätzlich begleitet von nonverbalen oder paraverbalen Äußerungen des Gegenübers.
- Keine Deutung trifft hundertprozentig zu, daher sollte diese gegengecheckt werden.
- Körpersprache ist zugleich auch ein Antwortverhalten auf das Gegenüber, den Gesprächspartner oder die Kontaktperson und kann nicht isoliert davon betrachtet werden.

Fakten zur Körpersprache

- Körpersprache oder einzelne ihrer Signale sollte immer im Gesamtkontext entschlüsselt werden. Einzelne Signale für sich zu bewerten, kann zu Missverständnissen führen oder zu Fehlinterpretationen.
- Körpersprache hat häufig Auslöser, die bei ihrer Interpretation mitberücksichtigt werden müssen.
- Körpersignale werden grundsätzlich begleitet von nonverbalen oder paraverbalen (sog. sozialen Geräuschen) Äußerungen des Gegenübers.
- Zu 100 Prozent eindeutige Köpersprache gibt es nicht, daher sollte diese, wenn möglich, von anderen Beteiligten, gegengecheckt werden.
- Körpersprache ist zugleich auch ein Antwortverhalten auf das Gegenüber, den Gesprächspartner oder die Kontaktperson.
- Körpersprache kann in einem gewissen Rahmen eingeübt und kontrolliert werden (siehe hierzu die nachfolgenden Abschnitte).
- Training kann die Kommunikationsmissverständnisse zwischen Menschen aus unterschiedlichen Gesellschaftsschichten, Altersstrukturen etc. reduzieren.
- Unser Sozialverhalten ändert sich, wenn wir für Körpersprache sensibilisiert sind.
- Entwickeln wir ein intensiveres Bewusstsein für nonverbale und paraverbale Signale, erfahren wir, warum wir bestimmte

Eindrücke von Personen oder Gruppen haben, anstatt sie »nur« zu haben.

- Tiere senden Signale häufig nicht aus Absicht, sondern basierend auf Instinktreaktionen; bei uns Menschen schaut es oft nicht anders aus.

Ihr optimaler Stand – Ihre optimale Körperhaltung

Lernen Sie von Kampfsportlern und denen, die die Kameraarbeit beherrschen, und nutzen Sie die Stand- und Spielbein-Haltung: Belasten Sie den hinteren Fuß. Das vordere Bein dient der Navigation (2 x 90 Grad-Winkel). Blicken Sie beispielsweise nach rechts, dann setzen Sie das rechte Bein nach vorne – und entsprechend umgekehrt.

Die Vorteile dieser Assymetrie:

- Sie wirkt auf andere (unterbewusst) positiv.
- Sie unterstreicht die Ausrichtung zum Gegenüber.
- Sie hilft auch bei Blackouts, denn sie löst Blockaden.

> Die Stand- und Spielbein-Haltung steht im absoluten Widerspruch zu den Maximen der »klassischen Körpersprache«. Die klassische Körpersprache setzt auf eine Haltung, bei der beide Füße fest auf dem Boden sind, die sogenannte »Fels in der Brandung«-Haltung.

Ihre optimale Sitzhaltung

Nutzen Sie die Stand- und Spielbein-Haltung auch, wenn Sie sitzen: Setzen Sie sich schräg zum Tisch oder schräg auf den Stuhl.

Belasten Sie Ihren »schwachen Arm« – bei Rechtshändern ist dies der linke. Sichern Sie so, dass Ihre starke Hand frei ist, um zu gestikulieren. Das unterstützt Ihre positive Gestik.

Übrigens: Ex-Kanzlerin Angela Merkel hatte nur begrenzt Schwierigkeiten mit ihrer Gestik – ihr Problem war der Stand! Ihr Stand ermöglichte ihr nur begrenzten Gestikraum und ihre Gestik war negativ (siehe dazu den nächsten Tipp).

Nutzen Sie den positiven Gestik-Rahmen

Beschränken Sie Ihre Gesten auf einen bestimmten Rahmen:

- oberhalb des Gürtels,
- maximal bis zum Hals,
- maximal bis zu den Ellbogen,
- nie nach hinten, nur nach vorne.

Verstärken Sie damit den Dialog zum Gegenüber.

Erzielen Sie positive Wirkung durch Ihre Gesten

- Bleiben Sie im Gestik-Rahmen (siehe Tipp zuvor).
- Setzen Sie Ihre Gesten von unten nach oben.
- Lassen Sie die Gesten länger stehen als den Satz, den Sie damit unterstreichen wollen.

Mehr dazu sehen Sie in meinem YouTube-Video, das Sie über folgenden Link oder den QR-Code aufrufen können: www.youtube.com/watch?v=brTDb15rlTQ

Ritualisieren Sie Ihre Signale und Gesten

Es gibt solche Gesten und Signale, die Interpretationsspielraum lassen, und solche, die eindeutig sind. Nutzen Sie verstärkt eindeutige Gesten und Signale. Das sind vor allem diejenigen, die ritualisiert und damit allen bekannt sind.

BEISPIELE

Ein erhobener Zeigefinger signalisiert eindeutig: Achtung!

Eine geballte Faust lässt Interpretationsmöglichkeiten.

Ihr Blickkontakt = Ihre Glaubwürdigkeit

Intensivieren Sie Ihren Blickkontakt. Er steuert den größten Beitrag zu Ihrer Glaubwürdigkeit bei. Glaubwürdig wirken wir zu

- 55 % durch unseren Blickkontakt,
- 38 % durch unsere Körpersprache/Sprache,
- 7 % durch Inhalte.

... und dennoch haben wir leider beim Sprechen meistens nur höchstens 65 bis 75 % Blickkontakt zu unserem Gegenüber oder Publikum.

Ihr Blickkontakt erfordert einen Fokus:

- Schauen Sie auf ein Auge Ihres Gegenübers.
- Bei einem größeren Auditorium blicken Sie während der einzelnen Gesprächssequenzen am besten auf jeweils einen Gesprächspartner.
- Lassen Sie den Blickkontakt länger fortdauern, als die Gesprächssequenz andauert. Das unterstreicht Ihre Glaubwürdigkeit (siehe hierzu jedoch auch Kapitel »Die Schattenseiten der Kommunikationsregeln«).

Sie müssen Informationen ablesen? Dann richtig!

1. Schauen Sie auf Ihr Skript – ohne zu sprechen.
2. Sehen Sie anschließend hoch – und sprechen Sie erst dann.
3. Lassen Sie Ihre Informationen wirken – mit einer Pause.
4. Schauen Sie dann wieder runter – ohne zu sprechen.
5. Sehen Sie erneut hoch und sprechen Sie.

So schaffen Sie sich abrufbares Wording

- Formulieren Sie Ziel, Kernbotschaft und Appell (= Struktur).
- Schreiben Sie wichtige Sequenzen im Volltext auf.
- Sprechen Sie sie bereits beim Schreiben laut mit.
- Wiederholen Sie diese Passagen mehrfach laut.
- Reduzieren Sie die Sequenzen nun auf Stichworte.

So wirken Sie nachhaltig auf Ihr Publikum

- Sprechen Sie Ihr Gegenüber mit dem Namen an. Platzieren Sie den Namen immer hinter eine Aussage; dieses führt zum spontanen »Abnicken« des anderen. Und das ist wichtig, denn unterbewusstes Abnicken führt zur verstärkten unbewussten und später dann bewusster Akzeptanz von Inhalten, wie Sozialpsychologen herausgefunden haben.
- Nicken Sie dem Angesprochenen zu.
- Richten Sie Ihre Gestik auf ihn aus (Dialogverstärker).
- Lassen Sie Ihren Blickkontakt noch mindestens 3 Sekunden fortdauern, nachdem Ihre Worte verklungen sind.
- Lächeln Sie Ihr Gegenüber offen an.
- Stellen Sie einen Rückbezug zu Ihrem Gegenüber her. Beispiel: »Sie sagten in der letzten Sitzung, lieber Herr Müller, ...«
- Suggerieren Sie bekannte Situationen. Beispiel: »Erinnern Sie sich bitte an folgende Situationen ...«.
- Schließen Sie mit Affirmationen (»Das ist Fakt!«).
- Nutzen Sie wertschätzende Aussagen (»Sie wissen das als Profi!«).
- Unterscheiden Sie sich von den Leuten, die mit ihrem Verstand in Reden, Vorträgen oder Gesprächen geizen wie andere mit ihren Finanzen. Leider gibt es sehr viele Zeitgenossen, die ihre (und unsere!) Zeit mit dem Jammern über Zustände verplempern, anstatt anzupacken und die Dinge zu verän-

dern. Das ist für unser Leben und für alle Transformationen, die uns heutzutage bevorstehen, der entscheidende Unterschied. Bilden Sie persönlich diesen Unterschied!

Lassen Sie sich Feedback geben

Die Perspektive anderer hilft, eigene stereotype Gesten zu erkennen. Holen Sie sich daher immer Feedback nach jeder Rede ein!

Ein bekannter Topmanager fasste sich bei der Mitteilung einer negativen Unternehmensbotschaft innerhalb weniger Minuten 45 Mal an seine Brille ... und war sich dessen nicht bewusst.

Achten Sie auf Ihr Äußeres

Studien belegen es: Gut gekleideten und aussehenden Leute wird mehr Kompetenz zugesprochen. Achten Sie deshalb auf Ihr Äußeres. Es lohnt sich!

Medien- und Fernsehtraining

Bühnentalente fallen nicht vom Himmel. Es braucht Übung, Übung, Übung, um bei öffentlichen Auftritten souverän und professionell zu agieren.

In diesem Kapitel erfahren Sie unter anderem, wie

- sich Medienprofis vorbereiten,
- Sie das Publikum bei Diskussionen überzeugen,
- Sie vor der Kamera und im Radio glänzen.

Die Grundregeln

Das A und O: professionelle Vorbereitung

- Legen Sie sich eine **prägnante Zieldefinition** zurecht: Was werden Sie nach dem Auftritt erreicht und an Botschaft vermittelt haben? Stimmen Sie diese Definition auf Zielerreichung, überprüfbare Ergebnisse und Ihre Gesprächspartner ab. Beispiel: »Nach dem Interview ist dem Publikum unsere Strategie bewusst ...«
- Legen Sie Ihre **professionelle Kernbotschaft** fest. Sie sollte aus einem Satz bestehen, Ihren Unternehmensnamen und eine Bewertung enthalten und Ihr Statement auf den Punkt bringen. Lassen Sie diese Botschaft mindestens drei Mal einfließen: am Anfang, in der Mitte und am Schluss.
- Formulieren Sie einen **Appell**, den Sie am Schluss Ihrem Publikum, Ihren Hörern und Zuschauern oder Lesern als Resümee mitgeben.
- Legen Sie sich alle wichtigen **Zahlen, Daten, Fakten (ZDF)** und Beispiele zurecht.
- Benötigen Sie Kugelschreiber und Papier für Stichworte in der Diskussion?
- Checken Sie mögliche Argumente Ihrer Mitdiskutanten ab und überlegen Sie sich eine Gegenargumentation.

Sprachliche Grundregeln

- Formulieren Sie Ihre Aussagen und Repliken immer im Präsens. Schaffen Sie dadurch Fakten!
- Verzichten Sie auf verbale Inkompetenz- und geistige Bankrotterklärungen. Streichen Sie Konjunktive und Absichtsaussagen.
- Formulieren Sie aktiv. Meiden Sie Passiv-Formulierungen und das unpersönliche »Man«.
- Adressieren Sie Ihr Gegenüber direkt – je nach Situation in der Sie- oder Du-Ansprache und am besten immer mit seinem Namen.
- Nutzen Sie positive Formulierungen. Hände weg von »nicht«, »kein«, »ohne«.
- Bewerten Sie die Aussagen Ihres Gegenübers und Ihre eigenen Aussagen, z. B. »Dieser Eindruck ist falsch ...«.
- Geht es nicht ohne negative Inhalte, dann stellen Sie sie an den Anfang Ihrer Aussagen. Enden Sie immer positiv.
- Platzieren Sie den Namen Ihres Gegenübers immer am Anfang, wenn Sie seine Aufmerksamkeit gewinnen wollen. Wenn es Ihnen darum geht, von ihm Zustimmung zu bekommen, nennen Sie seinen Namen zum Schluss. Das bringt Ihren Gesprächspartner zum »Abnicken« Ihrer Aussagen.
- Halten Sie Blickkontakt – so unterstreichen Sie Ihre Glaubwürdigkeit. Wenn Sie gleichzeitig langsam sprechen, stellen Sie obendrein noch sicher, dass Sie die richtigen Worte finden ...

und sie auch aussprechen. Sie haben meist nur eine Chance für eine überzeugende Antwort – nutzen Sie diese!

- Üben Sie Milde mit nervigen und dummen Gesprächspartnern, denn je größer deren Dachschaden ist, desto besser ist für diese der Ausblick auf die Sterne. Ironie gegen diese Mitmenschen als probates Mittel einzusetzen, ist genauso erfolgreich, wie einen Panzer mit Steinen zu bewerfen. Es kann Spaß machen, bringt aber weder Ihnen noch Ihrem Publikum etwas.

Körpersprachliche Grundregeln

Es gibt im Wesentlichen die folgenden Grundregeln für die richtige Körpersprache bei Mediengesprächen:

1. Nutzen Sie die Stand-und-Spielbein-Haltung, damit Sie stabil stehen mit Ihrem »starken Bein« und Ihren Stand flexibel austarieren können mit Ihrem »schwachen Bein«.
2. Richten Sie Ihre Gestik positiv zu Ihrem Gegenüber aus. Treten Sie also mit Ihren Gesten in Dialog mit diesem.
3. Werten Sie die Aussagen Ihres Gegenübers, denen Sie nicht folgen, mit negativen Gesten ab, die von oben nach unten führen. Vermeiden Sie zustimmendes Nicken. Schütteln Sie bereits bei aus Ihrer Sicht falschen Aussagen des anderen den Kopf! Lassen Sie bei positiven Aussagen Ihre Gestik auch noch eine Weile nach Ihren Worten andauern.
4. Blickkontakt steht für Glaubwürdigkeit. Halten Sie konsequent direkten Blickkontakt zum Gegenüber, und zwar auch,

wenn der andere Sie anschuldigt oder Ihnen Vorwürfe macht. Unterbrechen Sie den Blickkontakt, signalisiert das Ihren Gesprächspartnern und dem Publikum: »Treffer!«.

Die Grundregeln für Diskussionsrunden, Talkshows, Podiumsdiskussionen

- Klären Sie das Format. Wie lang wird gesendet? Wird der Beitrag aufgezeichnet oder live gesendet? Was ist das Thema, was die Intention?
- Beschäftigen Sie sich mit dem Moderator: Wer ist es? Welchen Hintergrund hat er? Was ist zu seinen beruflichen Stationen bekannt?
- Erkundigen Sie sich frühzeitig nach den anderen Gästen und holen Sie Infos über sie ein.
- Klären Sie die Ihnen zugedachte Rolle. Sind Sie Täter, Opfer, Zeitzeuge, Vertreter einer bestimmten Zielgruppe bzw. Organisation? Akzeptieren Sie diese Rolle?
- Welcher aktuelle Anlass führt zum Ansetzen der Sendung oder der Runde? Sammeln Sie Infos dazu.
- Befassen Sie sich intensiv mit Ihrem Thema (Ziel –Kernbotschaft – Appell).

So erzielen Sie Publikumswirksamkeit

- Das A und O ist eine langfristige und exzellente Vorbereitung.
- Formulieren Sie Ihre zentralen Gedanken schriftlich und sprechen Sie sich diese vor Ihrem Auftritt mehrfach laut vor.
- Nehmen Sie nur so viele Unterlagen wie nötig mit.
- Wählen Sie ein einleitendes Statement, eine zentrale Aussage.
- Konzentrieren Sie sich auf Ihre Gesprächspartner oder das Auditorium, indem Sie beispielsweise auf übertriebene Begrüßungsfloskeln, Höflichkeitsformulierungen oder minutenlange Begrüßungsrituale verzichten.
- Fokussieren Sie aus Sicht des Publikums den Kontext der thematischen Sendung. Beispiel: »Das Publikum fragt sich: Wie sichern wir unsere Rente? Die Frage beantworten wir und machen bewusst, wie sich eine Rentenlücke im Alter auswirkt ...!«
- Diskutieren Sie aus Sicht Ihres Unternehmens und aus Sicht des Publikums, als Anwalt Ihrer Kunden oder der Verbraucher
- Bringen Sie Argumente und einleuchtende Beispiele auch aus Sicht derer, die nur begrenzt Zugang zum Thema haben.
- Lesen Sie nichts ab, es sei denn, Sie zitieren andere oder es kommt auf den genauen Wortlaut an, wie beispielsweise bei Gesetzestexten.

- Gestehen Sie gerne auch Fehler ein ... und ergänzen Sie dann Ihre Lernerfahrung daraus.
- Bleiben Sie fair und offen gegenüber Mitdiskutanten, auch wenn Sie sich auf der »Siegerstraße« befinden.
- Lassen Sie andere ausreden. Schütteln Sie aber bei negativen Aussagen demonstrativ den Kopf.
- Korrigieren Sie gerne einmal den Moderator, jedoch nur sachlich und wohldosiert.
- Wir ver(sch)wenden Worte, damit wir Mitmenschen beeindrucken, die wir weder mögen noch brauchen. Es ist *quality time*, die Sie bei einem Wortgefecht opfern. Lohnt es sich? Wenn »Ja«, dann sagen Sie es, wenn »Nein«, dann lassen Sie es. Ausnahme: Strafen Sie Frechheiten ab!
- Sagen Sie immer die Wahrheit ..., aber Sie müssen nicht immer alles sagen!
- Bringen Sie Ihr bestes Argument am Anfang und wiederholen Sie es in der Folge mindestens drei Mal.
- Nennen Sie Ihr Gegenüber beim Namen: am Anfang eines Statements, um seine Aufmerksamkeit zu gewinnen, am Ende des Satzes, um seine Zustimmung einzufordern bzw. um ihn zu einer Antwort zu animieren.
- Halten Sie konsequent Blickkontakt zum Moderator oder einem anderen Gast. Ein offener und direkter Blick verschafft Ihnen Authentizität und Glaubwürdigkeit.
- Sprechen Sie langsam.

- Fokussieren Sie auf Ihre Argumente, Kernbotschaft und Beispiele – wiederholen Sie diese.
- Vermeiden Sie Fremdwörter. Wenn es ausnahmsweise ohne nicht geht, ergänzen Sie diese durch eine Übersetzung.

So setzen Sie sich ins richtige Licht: Verhalten vor der Kamera

- Checken Sie den Hintergrund bei Aufnahmen ab – ist er neutral oder lenken Bilder, Farben etc. ab?
- Ideal sind Sie im Bild, wenn die Kamera Sie mit einem leichten Unterwinkel in Gesichtshöhe aufnimmt. Der ideale Aufnahmebereich liegt bei -7 Grad.
- Negativer Gesamteindruck entsteht durch eine Vogel-/Froschperspektive der Kamera, denn beide Perspektiven verzerren Ihr Aussehen.
- Halten Sie Blickkontakt zu Ihrem Interviewpartner, wenn er Ihnen Fragen stellt. Schauen Sie also nur zu ihm. Sehen Sie nur dann in die Kamera, wenn Sie ein direktes Statement abgeben.
- Vermeiden Sie den Blickkontakt zu bekannten Personen im Publikum, denn das kann mögliche Irritationen bei den Zuschauern hervorrufen.
- Denken Sie an ein offenes und herzliches Lächeln, wenn Sie über positive Themen sprechen. Das erzeugt bei den Zuschauern Sympathie.

- Achten Sie auch auf Ihren Gesichtsausdruck vor Beginn und nach dem Ende der Aufnahme. Manchmal läuft die Aufzeichnung nämlich deutlich länger – vorher und nachher.
- Gestikulieren Sie nach vorne, vor Ihrem Körper, zur Kamera oder Ihrem Gesprächspartner hin.
- Brillen erzeugen Lichtreflexe vor der Kamera. Verzichten Sie also, wenn möglich, auf die Sehhilfe.
- Statt eines Handmikrofons wählen Sie lieber ein Ansteckmikrofon.
- Ist das Handmikrofon ein Muss? Dann gehört es in Ihre »schwächere Hand«. Halten Sie es immer in Brusthöhe.
- Wechseln Sie vor der Aufnahme noch einige herzliche Worte mit den Leuten, die Sie »in Szene setzen«. Das zeigt Wertschätzung und bringt letztlich bessere Aufnahmen.
- Prägen Sie sich die Vor- und Nachnamen, die Position und das Unternehmen Ihrer Gesprächspartner ein.
- Testen Sie bei Statements vorab das Mikrofon (sogenannte heiße Probe).
- Nutzen Sie für »Sprechtests« immer Ihre Aussagen und niemals das unsinnige 1, 2, 3 …
- Lassen Sie sich auf jeden Fall in der Maske schminken. Vertrauen Sie den Profis dort: Was vor dem Spiegel noch unnatürlich wirkt, sieht vor der Kamera ganz anders aus.
- Ihr Schweiß läuft? Tupfen Sie ihn ab mit dem Kommentar: »Furchtbar heiß!«.

- Mundartliche Sprachfärbungen sind okay, wenn Ihr Publikum Sie verstehen kann.
- Sitzen Sie bequem, leicht schräg im Stuhl, achten Sie darauf, dass Ihre Führungshand frei ist.
- Sie sind kein Schauspieler – bleiben Sie authentisch und souverän.
- Ihr Ziel ist es, mit der Beantwortung der Fragen Ihre Botschaften zu senden.
- Sie sind Führungskraft? Dann führen Sie auch durch das Interview!

Die richtige Kleidung

- Gesichtsröte kompensieren Sie am einfachsten durch Blau- oder Grautöne Ihrer Kleidung.
- Verzichten Sie bei der Kleidungswahl auf breite Streifen, Karo- oder Pepitamuster.
- Ein hellgraues oder hellblaues Hemd oder eine entsprechende Bluse wirken besser als weiße Oberbekleidung.
- Kameras fokussieren auch auf Beine: lange Socken und saubere Schuhe sind ein Muss!

Interviews

Ihr gutes Recht bei Interviews

Vereinbaren Sie vorab, dass Ihnen das geschnittene Interview nochmals gezeigt wird, bevor Sie die Freigabe erteilen.

Sie sind Ihr Regisseur, lassen Sie sich niemals durch Interviewer oder Journalisten bedrängen.

Lassen Sie sich den Fragekatalog vor dem Interview zusenden und bereiten Sie sich auf Überraschungen vor!

Bedenken Sie: Jeder Imageverlust wiegt schwerer als eine Verweigerung des Interviews! Lassen Sie lieber ein Interview aus, bevor Sie Ihr gutes Image riskieren.

Professionelle Vorbereitung für Interviews

- Wer ist der Journalist? Um welches Medium handelt es sich genau? Viele Infos dazu gibt es meist bei Tante Google!
- Machen Sie sich mit dem Thema und den dazugehörigen Statistiken und Fakten vertraut.
- Erstellen Sie Stichwortzettel, die Ihre Argumente und Kernbotschaft fokussieren.
- Soll Persönliches in das Interview einfließen? Und wenn ja, welche Aspekte aus Ihrem Privatleben wollen Sie preisge-

ben? Verknüpfen Sie ganz gezielt Privates und Berufliches. Es erzeugt Sympathie, wenn es »menschelt«.

- Trainieren Sie sowohl Einstieg als auch Ausstieg – lautes Sprechen programmiert!
- Lassen Sie sich vorherige Interviews gleichen Formats zuschicken – als Print oder Link zu einer Aufnahme via YouTube.
- Üben Sie Frage-Antwort-Spiele mit einem erstklassigen Gesprächspartner bzw. Coach.
- Haben Sie eine längere Autofahrt vor sich? Üben Sie Ihr Frage-Antwort-Spiel. Programmieren Sie sich (siehe hierzu auch Kapitel »Überzeugende Inhalte«)!
- Small Talk vor dem Interview? Quatsch, senden Sie bereits Ihre Botschaften. Nur um diese geht es.
- Small Talk verführt dazu, sich um Kopf und Kragen zu reden. Das ist wiederum das Interesse des Journalisten. Vorsicht also!
- Formulieren Sie Ihre Botschaften aus Sicht des Zuschauers bzw. Zuhörers.
- Ein erstklassiges Interview trägt entscheidend zu Ihrer Reputation bei. Just face it!

Diverse Formen und Rahmensetzungen von Interviews
Abfrageinterviews sind klassische, kurze Sequenzen für Nachrichten oder Dokus.
Persönlichkeitsinterviews schaffen persönliche Profilskelettierung, geben also die Persönlichkeit preis.
Meinungsinterviews dokumentieren Einstellungen oder Informationen.
Off-Records-Interviews bleiben unveröffentlicht. Sie dienen als Hintergrundinfos.
Interviews »unter zwei« belassen dem Interviewten die Anonymität. Seine Informationen werden dann ohne Angabe der Quelle weitergegeben.
Überfallinterviews sind blitzartige Medien-Attacken ohne Ankündigung.
Das Kalte Interview findet ohne Vorbereitung plötzlich statt, z. B. bei einem Unfall oder einem besonderen aktuellen Geschehen.
Bei einem versteckten Interview schneidet jemand einfach mit – ohne Vorwarnung.
Das Auflauerinterview findet typischerweise nach Sitzungen oder Verhandlungen statt.
Das vorbereitete Interview wird angekündigt und vorbesprochen. Für Interviewte ist es ideal, da sie sich darauf vorbereiten können.
Das Kreuzfeuerinterview ist ein Synonym für ein journalistisches Verhör.

Statements

Das professionelle Statement: Profitipps

Statements sind Darstellungen, Feststellungen oder Erklärungen eines Unternehmens oder Repräsentanten zu einem bestimmten Thema. Journalistische Intention bei solchen Statements ist es, authentische Aussagen einer Person zu einem aktuellen Ereignis, einem Sachverhalt oder vielleicht auch einer kritischen Situation einzuholen. Die Person wird als situativ Betroffener durch die Abgabe des Statements jeweils selbst zur »personalen Quelle«.

Ein Statement ist eine Positionierung, in der Sie Ihre Aussagen zu einem Thema knapp und präzise auf den Punkt bringen. Es dokumentiert Ihre Expertise. Es sollte maximal 30 bis 40 Sekunden lang sein und circa zehn kurze Sätze umfassen.

- Behalten Sie sich vor allem in Krisensituationen eine endgültige Freigabe des Statements nach dessen Ansicht vor.
- Störungen im Umfeld oder Versprecher? Wiederholen Sie Ihr Statement so lange, bis es Ihnen gefällt.
- Adressieren Sie den Journalisten oder das Publikum nicht direkt. Verzichten Sie auf die Sie-Ansprache.
- Sprechen Sie langsam und präzise, in kurzen Sätzen.
- Lassen Sie sich vorab ins Bild setzen; kontrollieren Sie vorher, wie später das Bild sein wird.
- Lassen Sie sich eine präzise Ausgangsfrage vorgeben.
- Verzichten Sie darauf sich vorzustellen.
- Verneinen Sie, dass Bilder unterschnitten werden.
- Vermeiden Sie Off-Statements ohne Bild.
- Wählen Sie eine Position, in der Sie sich wohlfühlen.
- Stehen Sie in der Stand- und Spielbein-Haltung – das wirkt locker.

- Neigen Sie Ihren Kopf leicht schräg.
- Vermeiden Sie Hintergrundgeräusche; diese lenken Ihr Publikum und auch Sie selbst nur ab.
- Halten Sie Blickkontakt zur Kamera, und zwar immer und direkt.
- Wohin mit den Händen? Stecken Sie die »schwache Hand« in die Hosentasche. Bei Rechtshändern ist dies in der Regel die linke.
- Formulieren Sie immer positiv!
- Ganz wichtig: Vertrauen Sie auf Ihr Bauchgefühl!

Sechs mögliche Grundmuster für Statements

1. Aufsatz: Einleitung – Hauptteil – Schluss (Komplexität reduzieren!)
2. Vom Allgemeinen zum Besonderen: Abgrenzung oder Vertiefung des Bekannten (vorherrschende Meinung abholen)
3. Der Vergleich zwischen zwei Ansätzen (Vergleich konkurrierender Modelle)
4. Synthese: These – Antithese – Schlussfolgerung (Zusammenführung)
5. Die Kette: zeitlicher oder logischer Ablauf (Abläufe schildern)
6. Die Ausklammerung: Vorwurf – Bewertung – Gegenaussage (vorherrschende Argumentation entkräften)

Siehe hierzu auch Kapitel »Überzeugende Inhalte«.

Die Todsünden bei Statements, oder: Wie ein Statement garantiert misslingt
Reden Sie schnell, lassen Sie sich kaum Zeit Luft zu holen. So wirken Sie in jedem Fall gehetzt.
Tragen Sie eine Sonnenbrille.
Sprechen Sie in langen und geschachtelten Sätzen.
Bedanken Sie sich dafür, dass Ihnen die Möglichkeit für ein Statement eingeräumt wurde.
Versuchen Sie, falsche Einstellungen zum Thema zu vermitteln.
Humanistische Bildung? Bringen Sie blöde Zitate humorvoll.

Fernsehen, Radio & Co.

Aktiv werden im Fernsehen und anderen Medien

- Erstellen Sie ein aussagekräftiges Exposé, das Ihre Expertise zu einem bestimmten Thema zeigt.
- Fragen Sie aktiv in Ihren Netzwerken oder bei Medien bzw. Redaktionen an.
- Binden Sie Statements oder Interviewsequenzen in Ihr Exposé ein
- Seien Sie Impulsgeber – Schlagzeilen werden täglich benötigt.
- Bieten Sie sich als Zeitzeuge für Innovationen an.

So bereiten sich Moderatoren und Journalisten auf Sie vor

- Einschlägige Recherchen durch Teams im Hintergrund. Teams der Sendung durchleuchten Ihre Vita!
- Unabhängige Talent Bookers, sogenannte Scouts, recherchieren parallel.
- Es werden Vorgespräche zum Warming-up bzw. Themen-Testing geführt.
- Insbesondere bei prekären Themen greifen Journalisten gerne auch auf Whistle Blower oder Dritte zurück, die noch eine Rechnung mit Ihnen offen haben.
- Die Materialsammlung wird in einer Grobstruktur auf Karteikarten verdichtet.

Der Umgang mit dem Mikrofon

- Üben Sie am Anfang mit einem komplizierten Text, der Ihnen höchste Konzentration abverlangt. Das lenkt Sie vom Mikrofon ab.
- Bekannter Moderatorentrick, um eine deutliche Aussprache zu üben: Nehmen Sie hin und wieder einen Korken in den Mund und versuchen Sie damit ein paar Sätze möglichst deutlich zu sprechen.
- Sitzen Sie bequem. Das Mikro hat sich nach Ihnen auszurichten – nicht umgekehrt.

- Verzichten Sie darauf, in der Tasche zu kramen oder sich pathetisch vor die Brust zu klopfen. Das erzeugt unangenehme Störgeräusche.
- Üben Sie Argumentationen oder Botschaften mit dem Diktiergerät bzw. der Aufnahmefunktion auf Ihrem Handy. Hören Sie sich das Gesagte kritisch an.

Lassen Sie sich nicht positionieren

Als ich einmal einen Vorstand auf die Live-Fernsehdiskussion »Ich stelle mich« bei Claus Hinrich Casdorff vorbereitete, stellte ich bei der Durchsicht von bisherigen Sendungen fest, dass die Gäste immer bis zu einem gewissen Punkt ins Studio laufen sollten. Dann stellte Casdorff aus der Distanz heraus seine ersten Fragen.

Dieses war ein deutliches Zeichen der Positionierung.

Casdorff stotterte unkonzentriert seine erste Frage, als der Vorstand über den ihm zugewiesenen »Haltepunkt« hinauslief und dem Moderator die Hand schüttelte. Dieses war im Ablauf nicht vorgesehen, aber »live is life«. Oder war es »life is live«? Der Vorstand trat im Fortgang der Sendung auch weiterhin selbstbewusst auf. Er war Mitspieler, nicht Spielball.

Flüchten ist keine Lösung

Wer glaubt, es sei ein probates Mittel zugunsten harter Moderatoren oder schwieriger Gesprächspartner das Feld zu räumen, der begeht einen schwerwiegenden Fehler. Eine alte Regel besagt, dass nur Verlierer den Platz räumen.

Zwei sehr konträre Beispiele verdeutlichen dies.

»Aktuelles Sportstudio« – Interviewgast ist Boris Becker. Die Moderatorin stellt ihm zum wiederholten Male Fragen zu seinem Privatleben. Becker, bereits sichtlich genervt, reagiert ungehalten und warnt vor weiteren Fragen zu diesem Thema. Die Moderatorin bestätigt ihm dieses ... und stellt prompt eine Frage nach Babs – der ersten Frau des Sportlers. Becker holt Luft und ... schweigt.

Die Moderatorin, sichtlich irritiert, fasst nach, indem sie die Frage wiederholt. Boris schweigt. Die Interviewerin stellt eine andere Frage, hektisch fast. Becker schweigt. Die Fragen werden immer kürzer, geschlossen. Becker schweigt.

Dann eine Panikattacke der Moderatorin, Becker grinst ... Die Interviewerin bricht in Tränen aus und verlässt das Studio.

Eine ähnliche Situation gab es im »Aktuellen Sportstudio« bereits einige Jahrzehnte vorher. Interviewpartner war hier der »Prinz von Homburg«, ein bekannter Boxer. Auch er agierte nach dem gleichen Schema und schwieg auf die Fragen.

Doch der Interviewer namens Gürtler blieb damals sitzen, fragte trotz des beharrlichen Schweigens seines Gegenübers in Ruhe weiter und beendete anschließend das Gespräch sinngemäß mit den Sätzen: »Danke für dieses aufschlussreiche Interview. Eine gute Heimreise.«

Wer sah besser aus? Der Moderator, der aufstand, oder derjenige, der sitzen blieb? Ganz klar: Souveränen Umgang mit dieser kritischen Situation demonstrierte auf jeden Fall der Interviewer des »Prinzen von Homburg«.

Die Moderatoren hätten jedoch auch noch einen anderen Weg einschlagen können. In den skizzierten Beispielen wäre es ein Einfaches gewesen, den Gesprächspartner mit suggestiven Aussagen und Unterstellungen unter Druck zu setzen, zu »knacken«, wie wir im Journalismus zu sagen pflegen.

- »Herr Becker, ich verstehe, dass Ihnen das Thema unlieb ist, schließlich haben Sie ja schlechte Erfahrungen gemacht mit (Unterstellung) ...!«
- »Sie haben auch kaum etwas, was Sie auf diese Frage entgegnen können, schließlich (Unterstellung)...!«

Sobald Sie feststellen, dass eine Technik, eine Methode oder ein Instrument Ihres Gesprächsführungsrepertoires nicht mehr wirkt, müssen Sie es verändern. Gesprächsführungs-Profi ist derjenige, der in heiklen Situationen auf einer Klaviatur diverser Techniken zu spielen vermag.

Lampenfieber vor der Kamera

- Das beste Rezept gegen Lampenfieber ist intensive Vorbereitung. Trainieren Sie mit einem Coach beispielsweise in der Fußgängerzone Statements.
- Sprechen Sie langsam! Wer schnell spricht, kommt schneller aus dem Rhythmus.
- Formulieren Sie in Halbsätzen mit betonten Pausen.
- Bleiben Sie intensiv im Blickkontakt zu Ihrem Gesprächspartner. Doppelte Konzentration – auf Inhalt und Blickkontakt – reduziert automatisch Ihr Sprechtempo.

Was tun bei Blackouts und Fadenrissen?

Sprachlosigkeit entsteht unter anderem dann, wenn uns das Gedächtnis einen Streich spielt.

Das Gedächtnis ist eine Schublade, die ab und an einmal klemmt. Oder ist es eher ein Sieb? Egal. Wir alle kennen nämlich diese Situationen: Da möchte man etwas Wichtiges zu einem Gespräch beitragen oder bei einem Vortrag eine entscheidende Ausführung machen, aber ... steht auf dem Schlauch. Der Mund geht auf, ein »Äh« kommt heraus, und das war es dann. Oder während einer Präsentation bzw. im Vortrag hat man einen zusätzlichen Gedanken – kein Wunder, wo wir doch beim Aussprechen des einen bereits vier weitere produzieren! –, und schon kommt es zum bekannten Fadenriss.

Selbst die Volksredner Nr. 1, die Politiker, erleben ihn immer wieder, den Blackout. An sich ist er nicht schlimm. Schlimm wird es nur dann, wenn wir die alte und tradierte Kommunikationsregel befolgen und uns outen, also reumütig bekennen, dass uns der Faden gerissen ist, herumstottern und mit Null-Aussagen versuchen, das, was alle schon gemerkt haben, doch noch irgendwie zu »retuschieren«.

Mit solchen Aussagen und Verbalgrätschen ernten Sie nur eins: Mitleid.

Mitleid ist aber nicht mit Sympathie zu verwechseln und nur allenfalls ein Trostpflästerchen für ansonsten gute und gelungene Präsentationen und eloquente Vorträge. Was also tun, damit Sie den roten Faden schnell wiederfinden, wenn er Ihnen verlorengeht?

Es gibt hervorragende Möglichkeiten, bei Gedankenirritationen mit dem schwarzen Loch im Kopf fertig zu werden und zugleich noch souverän dabei zu sein:

- Geben Sie einen Blackout niemals zu, es sei denn, Sie wollen Mitleid erzeugen. Doch wer will das schon?
- Machen Sie eine Wirkungspause und wiederholen Sie danach einfach Ihre letzte Aussage. Damit re-programmieren Sie Ihren »roten Faden«.
- Sagen Sie nach dieser Pause: »Lassen Sie es mich anders darlegen ...«. Schauen Sie den Moderator an und fragen:

»Frage?!«. Das wird diesen sichtlich irritieren. Jeder hat dann Verständnis, dass Sie neu ansetzen müssen.

- Leiten Sie dann über: »Nochmals zu meiner Kernbotschaft ...«. Wiederholen Sie diese in der Folge.

Lohnt sich das Coaching für einen Medienauftritt?

Ein Topcoaching kostet etwa 4.500 bis 6.000 Euro. Stellen Sie eine Kosten-Nutzen-Rechnung auf, indem Sie den Imageverlust bei einem verpatzten Auftritt dagegen rechnen. Machen Sie sich bewusst, dass sich der überwiegende Teil von Managern erst nach einem unglücklichen Auftritt dazu aufrafft.

Das Coaching muss so hart sein, dass Ihnen der Auftritt wie ein Sonntagsspaziergang erscheint.

Gibt es eine Situation, die Sie während des Auftritts überfordert, hat Ihr Coach einen Fehler gemacht.

Quick-Checks für öffentliche Auftritte

Die folgenden Checklisten geben Ihnen einen Überblick über die wichtigsten Grundregeln effizienten öffentlichen Auftretens und bereiten Sie optimal darauf vor.

Sie stehen auch als Download zur Verfügung auf https://mybookplus.de/ nach Eingabe des Buchcodes TGA HL12 in der Rubrik »Kommunikation & Soft Skills«.

Quick-Check für Diskussionen oder Debatten im Fernsehen oder Radio

Sie sind zu einer Podiumsdiskussion oder Debatte mit Journalistenbeteiligung eingeladen, die über den Radio- bzw. Fernsehsender läuft. Auf folgende Aspekte sollten Sie achten.

- Wozu soll ich eine Aussage machen?
- Bin ich kompetenter Fachmann in der Thematik? Ist es mein Thema?
- Warum bin gerade ich für dieses Thema eingeladen worden?
- Bin ich wirklich der richtige Gesprächspartner – nicht nur weil ich die Kompetenz habe, sondern auch meine Kernbotschaften adressieren kann?
- Welche Intention verfolgt der Sender mit meiner Einladung?
- Welches Vorwissen kann ich in der Thematik beim Publikum voraussetzen?
- Kann es Aspekte in dieser meiner Kernthematik geben, die bislang noch nicht in der Öffentlichkeit bekannt sind, durchaus aber zur Sprache kommen können?
- Gab es einen konkreten Anlass für diese Sendung?
- Handelt es sich um eine Live-Sendung oder wird die Sendung aufgezeichnet?
- Welche anderen Gäste werden erwartet?
- Werden noch andere Themen in der Sendung angesprochen, die einen Bezug zu meinem Kernthema haben?

- Welche Ablaufstruktur hat die Redaktion vorgesehen?
- Welcher Moderator wird durch die Sendung führen? Wie tickt dieser?
- Sammeln Sie frühzeitig aktuelle Artikel zum Thema, Hintergrundmaterial über die Mitdiskutanten.
- Testen Sie Ihre Argumentation im Gespräch mit Freunden.
- Überlegen Sie bereits im Vorfeld die möglichen Argumente Ihrer Mitstreiter und legen Sie sich interessante, publikumsbezogene Entgegnungen zurecht. Gut wirkt dabei immer ein: »... der Zuschauer weiß doch ganz genau, dass ...«!
- Markieren Sie durch Ihr einleitendes Statement bereits Ihre Position. Empfehlenswert ist eine halbminütige Kernbotschaft, die richtungsweisend für Ihre Gesamtaussage ist. Es geht nicht darum, bereits jetzt Ihre Meinung »wasserdicht« darzustellen. Sie können damit auch den Kontext Ihrer Aussagen ausleuchten!
- Diskutieren Sie publikumsbezogen. Wählen Sie also Beispiele aus, die den Hörer oder Zuschauer ansprechen, an seine Denkweise »andocken«. Optimal, weil zuschauerbezogen, sind bildhafte Vergleiche. Damit bleibt jede Aussage beim Auditorium lange haften. Erzeugen Sie Kino im Kopf.
- Nehmen Sie keine Unterlagen mit in die Gesprächsrunde. Es wirkt lächerlich, wenn jemand krampfhaft in seinen Zetteln wühlt und seinen Gesprächspartnern währenddessen nur geteilte Aufmerksamkeit entgegenbringt.

- Weniger ist mehr. Diese Grundregel gilt auch vor Publikum. Halten Sie sich in der Aussagehäufigkeit lieber etwas zurück, glänzen Sie statt dessen mit präzisen Stellungnahmen.
- Kommentieren Sie Beiträge der Gesprächspartner auch einmal durch dosiertes Nicken oder Kopfschütteln. Mimik und Gestik wirken suggerierend und unterbewusst auf das Publikum. Nicken heißt für den Zuschauer Zustimmung. Also Vorsicht!
- Achten Sie ausschließlich auf den Moderator und Ihre Gesprächspartner – Kameras suchen sich ihr Bild selber und für die Tontechnik sind Sie auch nicht verantwortlich.
- Überzeugen Sie das Publikum, weder den Moderator noch Ihre Mitdiskutanten.
- Leiten Sie gezielt, aber dosiert einige Aussagen ähnlich ein: »... Im Interesse der Zuschauer/des Verbrauchers ...« – so sprechen Sie Ihre Zielgruppe ganz bewusst an.
- Die durchschnittliche Redezeit während eines Interviews im Fernsehen liegt bei gerade einmal 20 bis 22 Sekunden. Adressieren Sie in dieser Zeit Ihre Kernbotschaften.

Quick-Check für Interviews

Sie werden von einem Journalisten für einen Podcast, Radio- oder Fernsehbeitrag interviewt? Beachten Sie am besten folgende Aspekte.

- Machen Sie sich mit dem Thema publikumsbezogen vertraut. Sammeln Sie Beispiele, die den Zuschauer oder Hörer in seinem Lebensbereich erreichen. Stellen Sie sich Presseinfos, Aussagen, Statistiken aus der Perspektive Ihres Publikums zusammen und fragen Sie sich aus dessen Warte: »Was geht das mich an?!«
- Überlegen Sie sich vorab eine mögliche erläuternde Einstiegs-Kernbotschaft, die prägnant klärt, was dieses Thema den Zuschauer Zuhause angeht, und ebenso eine Schlussaussage, die noch einmal Ihre entscheidende Kernbotschaft zusammenfasst und in einem Appell endet.
- Üben Sie das prägnante Formulieren Ihrer Kernbotschaften in wenigen Sätzen, je nach Medium am besten laut und deutlich vor dem Spiegel oder Aufnahmegerät. So hören bzw. sehen Sie, wie Sie Ihre Aussagen herüberbringen.
- Üben Sie das Beantworten von kritischen Fragen im Kreise von neutralen Beobachtern. Wählen Sie diese mit Bedacht. Häufig sind Kollegen zu nett und zu nachsichtig, vor allem aber zu höflich, um Ihnen ehrliche Rückmeldung zu geben. Für kritische Interviewsituationen ist dies jedoch unverzichtbar.
- Vermeiden Sie Fachbegriffe und Fremdwörter. Falls Sie nicht umhinkommen, diese einzusetzen, erklären Sie sie kurz und prägnant – was gelernt sein will.

Quick-Check für professionelle Statements

Man hat Sie gebeten ein Statement abzugeben? Folgende Aspekte sollten Sie beachten.

- Welcher Zeitrahmen steht zur Verfügung?
- Welches Vorwissen können Sie bei Ihrem Publikum voraussetzen?
- Ist das Statement als Live-Beitrag geplant?
- In welchen Medien wird es verwendet?
- Welche Frage wird Ihnen für das Statement vorgegeben? Lassen Sie sich vom Journalisten eine präzise Ausgangsfrage für Ihr Statement vorgeben, sodass kein »zufälliger Mitschnitt« entsteht.
- Welche Kernaussage wollen Sie vermitteln?
- Verzichten Sie auf eine direkte Anrede des Journalisten oder des Publikums, steigen Sie direkt ein und schließen Sie mit einem Appell.
- Wiederholen Sie niemals die Ausgangsfragestellung – kommen Sie direkt zu Ihrer Kernaussage.
- Sprechen Sie niemals in der Sie-Form ein imaginäres Publikum an. Verwenden Sie statt dessen Formulierungen wie beispielsweise: »Der Verbraucher weiß ...!«
- Feilen Sie solange an Ihren Aussagen, bis Sie sie genau formulieren können. Denken Sie daran: Statements entstehen

im Kopf und nicht im Kehlkopf. Sprechen Sie sich Ihr geplantes Statement mehrfach laut vor, erst dann ist es abrufbar!

- Verzichten Sie stets darauf, sich selbst mit Namen oder Titel vorzustellen.
- Klären Sie ab, ob man Ihr Statement »unterschneidet«, d. h., ob man während eines längeren Statements Ihr Bild durch andere Bilder ersetzen möchte. Sollte das der Fall sein, lassen Sie sich die jeweilig unterschneidenden Bilder vorher zeigen.
- Schauen Sie direkt in die Kamera, bieten Sie ein freundliches Lächeln, keinen starren Blick.
- Achten Sie darauf, dass Sie nicht mehr sprechen, als wirklich notwendig! Nachträgliche Kürzungen verzerren Ihre Aussage!

Kompaktkurs Schlagfertigkeit

Schlagfertigkeit ist nicht angeboren. Sie lässt sich erlernen. Mit der richtigen Strategie und etwas Training geht das sogar ziemlich schnell und gut. Fangen Sie am besten gleich an. Es lohnt sich, denn Schlagfertigkeit ist ein nicht zu unterschätzender Erfolgsfaktor im Berufsleben.

In diesem Kapitel erfahren Sie unter anderem,

- wie sich die Kunst des geschickten Konterns trainieren lässt,
- was es mit der 3-T-Regel auf sich hat,
- warum und wie schlagfertige Menschen besser verhandeln und erfolgreicher verkaufen.

Dr. Bredemeiers »3-T-Regel«: Touch – Turn – Talk

Die 3-T-Regel entstammt ursprünglich der Präsentationstechnik. Seit 1994 übertrage ich sie erfolgreich auf die Sprachebene und setze damit einen Methodik-Standard, wenn es um Schlagfertigkeit auf der sachlichen Ebene geht. Sie besteht aus folgenden Elementen.

Elemente der 3-T-Regel	
Touch	Antwort oder konsequente Bewertung des Gesprächsthemas – im Gegencheck zur Ihrem Gesprächsziel.
Turn	Korrektur des Vorwurfs und Rückführung zum Thema.
Talk	Vertiefung, Klarstellung und/oder Wiederübernahme Ihrer aktiven Gesprächsrolle.

Entscheidend ist ein konsequenter Dreiklang aller Stufen.

Evidente Vorteile von Dr. Bredemeiers 3-T-Regel

- Sie sichern sich Ihre Gesprächsführung.
- Sie entkräften aktiv Fehleinschätzungen oder Angriffe.
- Sie korrigieren konsequent Falschaussagen oder stellen Gegenäußerungen richtig und ordnen diese ein.
- Sie klammern emotionale Befindlichkeiten oder Nebenthemen professionell aus.
- Sie behalten Ihren konstruktiven Gesprächsfaden.

- Sie unterbinden konsequent und professionell persönliche Angriffe Ihres Gegenübers.
- Sie verhindern von Beginn an nerviges Verbalgeplänkel.
- Sie bleiben gelassen, souverän und authentisch in kritischen Situationen ... und überzeugen. Das ist konstruktive Schlagfertigkeit!

Beispiele zu Dr. Bredemeiers 3-T-Regel

Beispiel Nr. 1

Vorwurf zum sachlichen Thema: »Wie erklären Sie die schlechte Leistung der Deutschen Bahn?«

Touch: »Ihr persönlicher Eindruck ist falsch!«

Turn: »Damit Sie unsere überzeugende Leistung bei der Deutschen Bahn richtig einschätzen, machen Sie sich bitte Folgendes bewusst:«

Talk: »... Mehr als 240.000 qualifizierte Mitarbeiter unserer Deutschen Bahn sichern auf 55.000 Zugverbindungen, dass mehr als 1.000.000 Zuggäste innerhalb eines Jahres ihren Zielort erreichen. Das macht uns, die Deutsche Bahn, zum führenden Logistikpartner in Europa im Personenverkehr – eine überzeugende Leistung!«

Beispiel Nr. 2

Emotionaler Vorwurf an die Person: »Wie erklären Sie Ihr schlechtes Image?«

Touch: »Ihr persönlicher Eindruck ist falsch!«

Turn: »Meine Klienten bescheinigen Ihnen gerne mein hervorragendes Image!«

Talk: »... und dieses hervorragende Image beruht auf meiner überzeugenden Professionalität als Kommunikationsstratege und Topexecutive-Coach. Damit Sie dieses hervorragende Image meiner Person aber richtig einordnen, machen Sie sich bitte Folgendes bewusst ...«

Sprachliche Grundsätze zur 3-T-Regel

Formulieren Sie positiv; nutzen Sie positive Aussagen.

- Falsch: »Emotionen sind hier kein Thema!«
- Richtig: »Emotionen lassen Sie bitte außen vor!«

Bewerten Sie Ihre Aussagen bzw. Repliken konsequent.

- Falsch: »Damit können wir unsere Ziele erreichen!«
- Richtig: »Somit erreichen wir in der vorgegebenen Zeit unsere Ziele konsequent!«

Stellen Sie negative Abgrenzungen immer nach vorne. Positives dagegen gehört nach hinten.

- Falsch: »Es geht zunächst um unsere Unternehmensstrategie. Ihre Interessen sind wichtig, aber nachgeordnet!«
- Richtig: »Ihre Interessen sind wichtig, aber nachgeordnet! Es geht zunächst um unsere Unternehmensstrategie.«

Formulieren Sie präzise auf den Punkt.

- Falsch: »Ich denke, dass wir nun bereits mehrmals dieses leidige Nebenthema mit einigermaßen klarer Zielsetzung diskutiert haben ...«
- Richtig: »Zurück zum Thema! Bitte führen Sie sich vor Augen, dass wir unser Kernthema fokussieren ...!«

Verzichten Sie konsequent auf Einschränkungen, Relativierungen und Verbalpölsterchen.

- Falsch: »Eventuell wäre es jetzt Zeit, das eigentliche Thema zu beleuchten ...«
- Richtig: »Zurück zu unserem Zentralthema! Sie sprachen von ...«

Verzichten Sie auf Fragen, arbeiten Sie stattdessen mit Appellen und Imperativen – so üben Sie Gesprächsführung professionell aus!

- Falsch: »Können wir bitte zum Thema zurückkommen?«

- Richtig: »Bitte kommen Sie zurück zum Thema! Unser Thema ist ...«

Unterlassen Sie die Wiederholung negativer Vorwürfe. Wiederholung verankert den Vorwurf nachhaltig im Gedächtnis Ihres Gegenübers.

- Falsch: »Sie unterstellen mir ein schlechtes Image.«
- Richtig: »Ihr Eindruck ist falsch. Mein positives Image bescheinigen Ihnen ...«

Muster zur 3-T-Regel

Hier lernen Sie verschiedene optionale Sprachmuster zu Dr. Bredemeiers 3-T-Regel kennen. Prägen Sie sich mindestens fünf Muster davon ein. Sprechen Sie diese laut aus – und wiederholen Sie sie mindestens fünf Mal mit bewusster Intonation! Je intensiver Sie sich diese Muster durch Wiederholung einprägen, desto besser gelingt es Ihnen, sie unter Stress gelassen und souverän abzurufen und damit in die 3-T-Regel einzusteigen.

Wiederholen Sie Ihre positive Entgegnung stets mit den gleichen Worten, ebenso auch wichtige Botschaften.

Optionale Touch-Muster
Nein/Ja
Das ist ein Nebenaspekt. Zurück zum Hauptthema ...
Das ist allein Ihr Eindruck. Fakt hingegen ist ...
Sie spekulieren. Fakt ist ...

Optionale Touch-Muster
Das ist eine Fehlinformation. Tatsache hingegen ist ...
Ihr Eindruck ist falsch. Richtig hingegen ist ...
Das ist Ihre Frage. Unsere Kunden bewegt hingegen ...
Sie treffen Pauschalaussagen. Bitte differenzieren Sie ...

Welche Turn-Aussagen sich auf eine Touch-Aussage hin anbieten

Kontraste zwischen Touch und Turn	
Touch	Turn
Reine Spekulation	Fakt hingegen ist ...
Persönliche Einschätzung	Tatsache hingegen ist ...
Persönlicher Eindruck	Nachweislich ...
Subjektive Annahme	Objektives Resultat
Blanke Theorie	Praxis hingegen ist ...
Persönliche Meinung	Fakt hingegen ist ...

Warum Sie auf Gegenfragen verzichten sollten

Gegenfragen laden Ihr Gegenüber dazu ein, Vorwürfe breit auszuführen und sich ganz auf das Negative zu konzentrieren. Sie haben dann das Problem, alles wieder vom Tisch zu bekommen und gegen die geballten Anwürfe anzudiskutieren.

BEISPIEL

Vorwurf von A: »Sie haben im Unternehmen einen schlechten Ruf!«

Gegenfrage von B: »Wie kommen Sie zu dieser Meinung?«

Folgeantwort von A: »Erstens reden die Kollegen schlecht über Ihre Arbeit, zweitens misstrauen sie Ihnen bei diesem wichtigen Projekt, drittens haben Sie bereits diverse Projekte in den Sand gesetzt!«

> Verzichten Sie auf Gegenfragen, schaffen Sie Fakten.

Tipps zur 3-T-Regel

Stellen Sie kritische Anmerkungen oder Vorwürfe in einen Kontext

Setzen Sie Ihrem Gegenüber einen sachlichen Rahmen. Liefern Sie ihm Fakten, Fakten, Fakten.

Touch: »Ihr Eindruck ist falsch.«

Turn: »Damit Sie das Thema richtig einordnen, führen Sie sich bitte folgende Fakten vor Augen …«

Talk: »Unser Unternehmen hat … Mitarbeiter, ist Marktführer in den … Segmenten, beliefert … zufriedene Kunden …«

Entgegnen Sie polemischen Aussagen oder Unterstellungen

Bringen Sie Ihr Gegenüber auf die sachliche Ebene zurück.

Touch: »Eine sehr theoretische Frage!

Turn: »Bitte schauen Sie sich die Praxis an: …«

Talk: »... Fakt ist: ... Theorie und Praxis – zwei Seiten der Fakten!«

Delegieren Sie unfaire Vorwürfe oder fehlgerichtete Fragen

Antworten Sie nur auf solche Vorwürfe oder Fragen, die Sie inhaltlich vertreten können bzw. vertreten müssen.

Touch: »Da bin ich der falsche Ansprechpartner!«

Turn: »Bitte richten Sie Ihre Frage an ...«

Talk; »Wenn Sie Fragen zu meinem Tätigkeitsbereich haben, stellen Sie diese bitte jetzt ...!«

oder:

Touch: »Eine berechtigte Frage.«

Turn: »Nur: Sie adressieren diese falsch.«

Talk: »Richten Sie diese bitte an die zuständige Stelle/Person...!«

Nutzen Sie Interpretationsoptionen und stellen Sie unfaire Vorwürfe in einen anderen Kontext

Touch: »Letztlich zielt Ihr Vorwurf auf ein anderes Thema ab!«

Turn: »Ihnen geht es doch um ...«

Talk: »Also sprechen wir darüber. Wichtig ist, dass Sie sich bewusst machen, dass ...!«

Ersetzen Sie konsequent Aussagen, Fragen oder Anmerkungen unfairer oder kritischer Gesprächspartner

Touch: »Ihre Frage streift leider das Thema nur am Rande.«

Turn: »Die richtige und vollständige Frage lautet hier: ...«

Talk: »Also schauen Sie sich bitte die Fakten an ...!«

Beantworten Sie nicht jede Frage, vor allem nicht unfaire, denn: Jede Antwort legitimiert die Frage!

Überhöhen oder fokussieren Sie unfaire Fragen oder kritische Vorwürfe, indem Sie diese auf eine höhere Ebene heben

Touch: »Ihre Frage geht im Kern am Thema vorbei!«

Turn: »Dahinter steht jedoch die entscheidende Frage aus Sicht unserer Kunden, nämlich ...«

Talk: »Und dazu müssen Sie Folgendes wissen: Unsere Kunden ...«

Bewerten und ersetzen Sie kritische Themen oder unfaire Angriffe

Touch: »Das ist ein Randthema, welches Sie vergeblich immer wieder in den Mittelpunkt rücken.«

Turn: »Bitte konzentrieren Sie sich auf unser Kernthema.«

Talk: »Nochmals für alle: Zusammenfassend ist Folgendes festzuhalten: ...!«

Lassen Sie pauschale Vorwürfe und unfaire Behauptungen durch terminologische Einengung ins Leere laufen

Touch: »Sie sprechen immer wieder von Verantwortung.«

Turn: »Bitte definieren Sie einmal für alle Verantwortung, am besten nach Hans Jonas, der bekanntlich das Buch »Das Prinzip Verantwortung« schrieb und in der ethischen Diskussion den Maßstab vorgibt.«

Talk: »Damit liefern Sie uns die Basis für eine sinnhafte Diskussion!«

Weitere Appelle, die Sie an Ihr Gegenüber richten können: »Konkretisieren Sie«, »Spezifizieren Sie«, »Erklären Sie«.

Bewerten Sie Ihr Gegenüber als Person sowie seine unfaire Gesprächsführung!

Touch: »Das ist die typische Frage eines Theoretikers. Sorry.«

Turn: »Bitte knüpfen Sie doch bitte hier an die herrschende Praxis an.«

Talk: »In der Praxis stellt sich folgende Herausforderung: ...«

> Doch Vorsicht, hier verlassen Sie schnell die Sachebene und gleiten ins Emotionale.

Decken Sie unfaire Absichten oder Intentionen des Gesprächspartners auf

Touch: »Ihre Frage ist despektierlich und herabsetzend. Verzichten Sie bitte im Interesse aller auf Ihre beißende Polemik.«

Turn: »Zur Sache: ...«

Talk: »Bitte führen Sie sich nochmals alle folgenden Sachverhalt vor Augen: ...«

> Aufgedeckte Intentionen führen häufig dazu, dass sich das Gegenüber rechtfertigt. Seien Sie darauf vorbereitet.

Ordnen Sie kritische wiederholte Vorwürfe in den Kontext ein

Touch: »Sorry, aber Sie wiederholen den gleichen Inhalt mit anderen Worten. Es bleibt das gleiche falsche Thema.«

Turn: »Dieses Thema habe ich Ihnen bereits ausreichend erörtert.«

Talk: »Bleiben wir also bei unserem Zentralthema, und bitte machen Sie sich den Kontext nochmals bewusst: ...«

Betonen Sie, dass der Gesprächspartner kommunikative Schleifen dreht.

Streichen Sie, wenn nötig, auch einmal die Inkompetenz des unfairen Gesprächspartners heraus

Touch: »Das sagen Sie mit den Erfahrungen eines Prozessberaters.«

Turn: »Das gesetzte Thema ist allerdings Behavioral Accounting.«

Talk: »Bitte führen Sie sich nochmals folgende soziopsychologischen Parameter vor Augen …!«

Ein amerikanischer Präsident hatte ein Schild auf dem Schreibtisch, das gut in diesen Zusammenhang passt: »Der Scheiß hört hier auf!« (frei übersetzt). Nehmen Sie es als Maßstab!

Übungen zur 3-T-Regel

SchlagFertigkeit erlernen Sie wie Grammatik oder Vokabeln. Wiederholung unterscheidet den Amateur vom Profi – ähnlich wie es sich bei Profimusikern verhält. Also: Kopf hoch. Mit Übung klappt es!

Übungshinweise

- Lesen Sie sich die folgenden Übungen laut und langsam durch.
- Überlegen Sie sich Lösungen nach dem 3-T-Muster.
- Sprechen Sie diese dann mit Ihren Worten aus.

- Wiederholen Sie diese dann mehrfach.
- Sie sind sich unsicher? Mögliche Lösungsvarianten finden Sie im Kapitel zuvor.

Übung Nr. 1: Streichen Sie die Inkompetenz des unfairen Gesprächspartners heraus

Attacke: »Als Quasi-Wissenschaftler halte ich einmal fest: …«

Touch:

Turn:

Talk:

Übung Nr. 2: Ordnen Sie wiederholte Vorwürfe in den Kontext ein

Vorwurf: »Ich sage es noch einmal in aller Deutlichkeit!«

Touch:

Turn:

Talk:

Übung Nr. 3: Decken Sie unfaire Absichten des Gesprächspartners auf

Vorwurf: »Sie sind doch eine Marionette des Aufsichtsrates!«

Touch:

Turn:

Talk:

Übung Nr. 4: Bewerten Sie Ihr Gegenüber als Person und seine unfaire Gesprächsführung!

Vorwurf: »Rein theoretisch betrachtet …«

Touch:

Turn:

Talk:

Übung Nr. 5: Lassen Sie pauschale Vorwürfe und unfaire Behauptungen durch terminologische Einengung ins Leere laufen

Vorwurf: »Das ist doch letztlich eine Frage der Verantwortung!«

Touch:

Turn:

Talk:

Übung Nr. 6: Bewerten und ersetzen Sie unfaire Angriffe

Vorwurf: »Es geht doch hier um die Mitspracherechte aller!«

Touch:

Turn:

Talk:

Übung Nr. 7: Fokussieren Sie unfaire Fragen oder kritische Vorwürfe, indem Sie diese auf eine höhere Ebene heben

Vorwurf: »Als Verbraucher sehe ich es völlig anders.«

Touch:

Turn:

Talk:

Übung Nr. 8: Stellen Sie kritische Anmerkungen oder Vorwürfe in einen Kontext

Vorwurf: »Wie erklären Sie Ihr schlechtes Image?«

Touch:

Turn:

Talk:

Übung Nr. 9: Theoretisieren Sie polemische Aussagen oder Unterstellungen

Attacke: »Spielen Sie nicht in Ihrer Position Gott?«

Touch:

Turn:

Talk:

Übung Nr. 10: Delegieren Sie Vorwürfe oder fehlgerichtete Fragen

Vorwurf: »Das ist doch eine saumäßige Arbeit des Marketings!«

Touch:

Turn:

Talk:

Übung Nr. 11: Adressieren Sie Fragen oder unfaire Vorwürfe an den Zuständigen

Vorwurf: »Das müssen Sie einmal unter dem Aspekt der Kaffeeleserei sehen!«

Touch:

Turn:

Talk:

> Beantworten Sie nur Vorwürfe oder Fragen, die Sie inhaltlich vertreten können oder vertreten müssen. Vergessen Sie nicht: Jede Antwort legitimiert die Frage.

Übung Nr. 12: Ersetzen Sie konsequent Aussagen, Fragen oder Anmerkungen unfairer oder kritischer Gesprächspartner

Attacken: »Das ist doch Schnee von gestern!«, oder: »Das haben wir schon immer so gemacht, und zwar erfolgreich!«

Touch:

Turn:

Talk:

Übung Nr. 13: Nutzen Sie Interpretationsoptionen und stellen Sie unfaire Vorwürfe in einen anderen Kontext

Attacke: »Das ist doch das Gewäsch eines hochbezahlten Managers!«

Touch:

Turn:

Talk:

Übung Nr. 14: Mit personenbezogenen Attacken umgehen

Überlegen Sie: Welche gegen Ihre Person gerichteten Vorwürfe, Polemiken oder unfairen Attacken sind Ihnen bekannt?

- ...
- ...
- ...
- ...
- ...

Arbeiten Sie diese nach den 3-T-Regel-Mustern ab.

Übung Nr. 15: Mit tätigkeitsbezogenen Attacken umgehen

Überlegen Sie: Welche gegen Ihre Tätigkeit gerichteten Vorwürfe, Polemiken oder unfairen Attacken sind Ihnen bekannt?

- ...
- ...
- ...
- ...
- ...

Arbeiten Sie diese nach den 3-T-Regel-Mustern ab.

Gut zu wissen: Verhandlungsfakten

Die meisten professionellen Verhandler setzen auf Tools, Vorgehensweisen, Instrumente und Techniken. Der große Hebel in den Verhandlungen jedoch ist die Sprache.

- In Situationen, in denen Sie traurig oder angeschlagen sind, geben Sie nahezu 30 Prozent mehr für Produkte oder Dienstleistungen aus. Daraus folgt: Am besten nur einkaufen und verhandeln, wenn Sie in positiver Stimmung sind.
- Herzförmige Produkte steigern Trinkgelder oder das Einkaufsvolumen um circa 15 Prozent.
- Anzugträger lösen Herdentrieb aus. Geben Sie alles! Erscheinen Sie im besten Outfit.
- Fairness-Einstellungen halten wir hoch (80 % sehen es als moralisch nicht vertretbar an, andere zu übervorteilen). In der Wirklichkeit handeln wir allerdings anders (nur 20 Prozent übervorteilen andere tatsächlich nicht).
- Bis zu 40 Kriterien beeinflussen in der Praxis unsere Verhaltensweisen – je wichtiger etwas für uns ist, desto stärker beeinflusst uns das.
- Seelsorger referieren über Nächstenhilfe, aber nur 40 Prozent helfen in einem Ernstfall. Leere Worte also von denen, die es besser wissen (sollten).
- Unter echtem Zeitdruck handeln nur 10 Prozent von uns nächstenliebend und hilfsbereit. Stehen wir unter mittlerem

Zeitdruck, sind es 45 Prozent und nur ohne Zeitdruck im Nacken beträgt der Anteil zwei Drittel.

- In nahezu 90 Prozent aller Situationen verteidigen wir Entscheidungen, die wir gar nicht getroffen haben, sondern die uns suggeriert sind.
- Erzwungene oder herbeigeführte Scheinargumentation verändert unsere Präferenzen. Glauben wir einem Scheinargument, so lassen wir uns auf »scheinbare« Vorteile eher ein.
- Wir ignorieren Fakten, wenn es unserer Einstellung hilft oder wenn wir dadurch Recht behalten.
- Negative Nachrichten beeinflussen Kritiker besonders. Befürworter lassen sich von positiven Nachrichten in ihrem Verhalten bestätigen.
- Ohne verifizierte, valide Entscheidungsgrundlage bleiben wir bei unseren Entscheidungen und beharren darauf. Auch Fakten diskutieren wir weg.
- Mit einer Salami-Taktik (Scheibchen für Scheibchen) landen wir in der Beständigkeitsfalle: Einmal angefangen, handeln wir konsequent so weiter. Ob das negativ oder positiv ist, ist dann völlig egal!
- Handeln erzeugt konsequentes Weiter-Handeln. Bringen Sie Ihr Gegenüber dazu, Ihnen eine Gefälligkeit zu erweisen, dann wird die nächste ebenfalls nicht lange auf sich warten lassen.
- Ein hartes »Nein!« bringt jede Verhandlung und jedes Gespräch zum Erliegen. Handlungsvorgaben sind dagegen Ver-

führungsimpulse, denen Ihre Gesprächspartner mit Sicherheit erliegen. Vermeiden Sie deshalb konsequent geschlossene Fragen (»Einverstanden?«) und arbeiten Sie mit Appellen, also mit Bitten, Wünschen und mit Imperativen: »Schildern Sie mir doch bitte einmal die Anwendungsfälle!«

- Nicht Nächstenliebe, sondern der persönliche oder unternehmerische Vorteil des Einzelnen führt zum Verhandlungserfolg.
- Kooperationen gelten in der gesellschaftspolitischen oder ethischen Betrachtung als die höchste Stufe des Egoismus (»reziproker Altruismus«) ... und das ist auch das den Win-win-Modellen zugrunde liegende Denken.
- Die Logik des Eigennutzens hebeln Sie ganz einfach aus, indem Sie die Prinzipien der Gegenseitigkeit anwenden. Wer sich in Verhandlungen und Gesprächen als generös und entgegenkommend erweist, erzielt deutlich bessere Ergebnisse als Egomanen, die mit ihren Zugeständnissen geizen. Zugeständnisse und verbale Geschenke sind in Verhandlungen das trojanische Pferd für den Mehr-Erfolg.
- Jeder kennt die Weisheit, dass weder ein voller noch ein leerer Bauch das Studieren erleichtert. Übertragen Sie das auf Verhandlungen.
  - Sorgen Sie immer für Säfte und Süßigkeiten. Sie wirken sich positiv auf Verhandlungserfolge aus; das ist sogar wissenschaftlich erwiesen.
  - Die besten Abschlüsse und Entscheidungen treffen Sie übrigens nach Mahlzeiten.

Verhandlungs-Tipps

»List high, sell low«

Die »Geiz ist geil«-Methode wirkt besonders gut im Total-, Ab-, Aus- und Schlussverkauf. Bei Preisreduzierungen um mehr als 50 Prozent greifen fast 40 Prozent Käufer mehr zu – vorausgesetzt, sie kennen den »alten« Preis. Das gilt auch bei »Lockvogelangeboten« ... scheinbar günstig, doch die Extras kosten richtig viel Geld.

Kleider machen Leute und wohlformulierte Worte bessere Preise

Für welchen Wein zahlen Sie mehr? Nr. 1 wird angepriesen mit: »Schmeckt«, Wein Nr. 2 wird so beschrieben: »Trocken und fein im Geschmack, in der Nase bleibt eine sanfte Pfirsichnote bei vollmundigem Körper!« Klar, Angebot Nr. 2 verlockt ...

Anker setzen

Immer wieder stellt sich die Frage: Wer ist im Vorteil? Ist es derjenige, der in der Verhandlung zuerst den Preis aufruft? Oder derjenige, der als letzter seinen Preis benennt? Die Wissenschaft belegt es eindeutig in verschiedenen Studien: Setzen Sie mit Ihrem Preis zuerst einen Anker. Es macht sich für Sie unter dem Strich bezahlt!

Die drei Ziele

Für jede Verhandlung legen Sie am besten die folgenden drei Ziele fest:

- das Idealziel: Ihr Optimum (Nice to have)
- das Kernziel: eine realistische Größe (Want to have)
- das Rückzugsziel: die Stopplinie, die Sie nicht unterschreiten (Must have)

Ankerpreise richtig setzen

Profitieren Sie von erstklassig gesetzten Ankerpreisen:

- Verhandlungspartner lassen sich bewusst und unbewusst durch Anker-Referenzpunkte beeinflussen. Beispiel: »95 % der Telefonnutzer verschenken durch falsche Verträge Geld!«
- Selektive Informationen und hohe Referenzpunkte versprechen unserem Gegenüber Exklusivität und Luxus.
- Mit unerwartet niedrigen Anker-Referenzen assoziieren unsere Verhandlungspartner Eigenschaften wie »billig« und »minderwertig«.

Wählen Sie Ideal-Preise

Was schätzen Sie? Was ist der beste Verhandlungspreis?

1. 2.000 Euro
2. 1.900 Euro
3. 1.850 Euro

Gemäß vieler Studien zeigt sich in Nr. 3 der beste Verhandlungspreis, denn hier diskutieren Sie mit hoher Wahrscheinlichkeit in 50-Euro-Schritten, bei Nr. 2 in 100er und bei Nr. 1 in 200 bis 500er Schritten. Pokern Sie also richtig ...

Umgehen mit Verlustaversion und Besitztumseffekt

Wir Menschen neigen dazu, Verluste höher zu gewichten als Gewinne. Verlieren wir einen bestimmten Betrag, so ärgert uns das mehr, als uns ein Gewinn in gleicher Höhe freut. Psychologen nennen dieses Phänomen auch Verlustaversion. Obendrein tendieren wir dazu, etwas wertvoller einzuschätzen, wenn wir es besitzen (der sogenannte Besitztumseffekt). Lernen Sie daraus einige Grundregeln:

- Streichen Sie Leistungen oder Benefits? Tun Sie es auf einen Streich! Das schmerzt Ihren Verhandlungspartner zwar, aber er erträgt es besser als die Quälereien, die ihm die Salami-Taktik zufügt. Setzen Sie also auf konsequente Cost-Cutting-Aktionen, und gehen Sie nicht Schritt für Schritt vor. Mehrjahrespläne sind leider Rohrkrepierer.
- Zugeständnisse wirken dann besonders gut, wenn Sie diese in kleinen Schritten verhandeln. Dieses Prinzip hat schon der Staatsphilosoph Niccolo Machiavelli verfolgt: »Gewalttaten ... auf einmal ... - Wohltaten ... nach und nach!« (Il Principe)

Widerspruch schlägt Zustimmung

Klare Regeln und Vorgaben, Orientierungslinien und Rahmenbedingungen unterscheiden sich immer durch eine Alternative:

- Option-Out (Widerspruchs-Grundsatz) oder
- Option-In (Zustimmungsregel)

Die Debatte in Deutschland zur Organspende (Minister Spahn) unterstreicht: Widerspruch schlägt Zustimmung. Also setzen Sie auf den gezielten Widerspruch – dann gewinnen Sie unter dem Strich.

Alarmismus und Missachten der Wahrscheinlichkeit

»Alarmismus« führt zu Fehleinschätzungen. Menschen neigen dazu, harmlose Ereignisse zu Katastrophen oder Terrorfallen aufzuwerten. Zudem unterliegen wir der »Wahrscheinlichkeitsmissachtung«: Ereignisse, die uns bedrohlich erscheinen, bewerten wir höher als das, was alltäglich an Risiken droht.

BEISPIEL

Naturkatastrophen, Krieg, Hunger ängstigen uns viel mehr als der Straßenverkehr. Doch der kostet im Jahr mehr Menschenleben!

»Phantomanker«

Das Ankersetzen haben Sie bereits kennengelernt (siehe hierzu das Kapitel »Sprache«). Hier konzentrieren wir uns jetzt auf die Phantomanker (Phantom Anchoring). Dabei handelt es sich um meist aggressive Honorar- oder Preisvorstellungen, die nur in den Raum gestellt werden, um dann sofort zurückgenommen zu werden.

BEISPIEL

Der Verkäufer eines Soundsystems sagt: »Ich hätte die Anlage eigentlich für 1.800 Euro verkaufen wollen, aber gut: 1.500 Euro!«

Die Nachteile und Vorteile von Phantomankern

- In der Regel zahlen sich Phantomanker für den Verhandlungspartner finanziell aus.
- Sie hinterlassen allerdings beim Gegenüber einen negativen Eindruck: »Ich bin über den Tisch gezogen worden.«

Sie sind daher nur empfehlenswert für einmalige Verhandlungen.

Die Gehaltsverhandlung

- Gehaltsgespräche benötigen eine sehr gründliche Vorbereitung.
- Unterscheiden Sie in Gehaltsfragen zwischen »bekommen« und »verdienen«. Sie bekommen selten, was Sie verdienen, aber verdienen immer das, was Sie bekommen.

- Setzen Sie sich für die Verhandlung ehrgeizige und zugleich realistische Gehaltsziele, die Sie einteilen in Nice to have (Idealziel), Want to have (Kernziel) und Must have (Stopplinie).
- Arbeiten Sie mit Ankern und Unter-Ankern. Beispiel: 84.000 – Sie verhandeln dann vermutlich in 1.000er-Schritten, 90.000 – Sie verhandeln mit hoher Wahrscheinlichkeit in 10.000er-Schritten.
- Sprechen Sie Ihre Argumente laut und mehrfach aus.
- Legen Sie sich eine Frage-Antwort-Liste zurecht.
- Halten Sie Antworten auf mögliche Einwände parat.
- Listen Sie Ihre Erfolge und den Team-Mehrwert auf.

Verhandeln mit Personalprofis

Sie haben einen wirklichen Personalprofi vor sich? Er setzt direkt bei der von Ihnen definierten Stopplinie an? Dann zeigen Sie Souveränität und kontern Sie eiskalt mit Ihrem »Ideal«-Gehalt. Zugegeben, das hört sich hart an. Aber wollen Sie sich unter Wert verkaufen? Machen Sie sich bewusst:

- Jedes zu niedrige Gehalt schlägt mehrfach negativ zu Buche, nämlich Monat für Monat.
- Denken Sie auch an Ihre Verhandlungs-Benefits: Entbehrungen und Abstriche werden durch Goodies kompensiert: Homeoffice, flexiblere Arbeitszeiten, Firmenwagen, Kantinengutscheine oder anderes.

Ihre Ziele im Einklang mit den Unternehmenswerten

Viele Mitarbeiter betonen in Gehaltsverhandlungen ihr soziales Engagement für die Bekämpfung von Armut oder Umweltschutz. Andere winken mit dem Mehrwert für »finanzielle Business-Cases« im Interesse des Unternehmens.

Was ist richtig? Beides ist falsch! Erstaunlich: Erfolgreich sind die Mitarbeiter, die ihr soziales Engagement im Abgleich zu den Werten und Visionen ihres Arbeitgebers »verkaufen«.

Verhandeln mit Demut oder mit Provokation?

Diverse Untersuchungen belegen, dass der Mittelweg zwischen Demut und Provokation am besten funktioniert.

- Massive Provokationen führen häufig zu Widerstand und dem Aufbau von Mauern bei Führungskräften.
- Demütiges Verhalten löst starke »Druck-erzeugen-Mentalität« bei Führungskräften aus.

Wählen Sie also den Mittelweg: höflich im Ton – souverän im Auftritt – gelassen in der Konfrontation.

Provokatives Verkaufen

BEISPIEL: SO BESSER NICHT

In einem Tagungshotel treffen sich obere Führungskräfte eines großen Wettbewerbers der Deutschen Telekom zu einem Weiterbildungsmodul mit dem Thema: »Überzeugungsarbeit für den Vorstand«. Darunter sind auch einige Vertriebsleute.

In einer Pause kommt eine Mitarbeiterin des Hotels, die dort verschiedene Dienstleistungen koordiniert, zu einigen Teilnehmern und sagt: »Da Sie als Unternehmen in unserem Hause so viele Veranstaltungen abhalten, hatte ich mir überlegt, die Offerte Ihres Unternehmens anzunehmen und unseren Online-Zugang von der Telekom zu Ihnen zu übertragen. Aufmerksam geworden bin ich durch ein Werbeschreiben. Da ich unsicher war, wie lange die Umstellung dauern würde, habe ich bei Ihrem Kundenservice nachgefragt, und der erklärte mir, dass es wohl drei Tage dauern würde, bis dies realisiert sei. Das können wir nicht machen, das bedeutet doch einen riesigen Umsatzverlust, wenn wir drei Tage nicht online sind! Da bleibe ich doch lieber bei der Telekom!«

»Was, drei Tage?!«, fragt eine Führungskraft irritiert. » »Ja, drei Tage!« Ein Mitarbeiter aus dem Vertrieb erwidert: »Also, wenn es wirklich drei Tage sind, dann liegt das daran, dass die Telekom als ehemaliger Monopolist nicht schnell genug umschalten will!«

Die Dame kontert: »Ja, aber drei Tage können wir uns nicht leisten, auch wenn Ihr Angebot vielversprechend klingt! Wie gesagt, dann bleiben wir bei der Telekom.«

Der Dialog entspinnt sich über weitere 10 Minuten. Während des Gespräches nennen alle Beteiligten mindestens 15 Mal den Namen des Wettbewerbers »Deutsche Telekom«, der eigene Unternehmensname fällt kein einziges Mal. Niemand vermag die potenzielle Kundin von ihrer Drei-Tage-Annahme abzubringen. Ein Bereichsleiter sagt schließlich zu, er werde sich diesbezüglich umgehend informieren und wieder melden ... von Mai bis August passiert nichts. Die potenzielle Kundin bleibt ein Potenzial und letztlich der Telekom treu.

Ein sagenhaftes Nicht-Verkaufen!

Ein neuer Ansatz muss her

Fast alle gängigen Verkaufsseminare und Schulungen, Vertriebstrainings und Ausbildungslehrgänge heutzutage sind nachhaltig geprägt vom Harvard-Konzept. Dieses Konzept erschien als ein

Quasi-Patentrezept zum erfolgreichen Verkauf. Damit erhielt der »Gesamtwert eines Produktes oder einer Dienstleistung« (Carl D. Zeiss/Thomas Gordon) einen neuen Stellenwert, der erstens die konsequente Kundenbindung, andererseits die langfristige oder zumindest mittelfristige Kundenbeziehung in den Fokus rückte.

Das Harvard Konzept mit seinem Win-win-Modell hob sich wohltuend ab vom herkömmlichen Verkaufs-/Einkaufskampf, der Gewinner und eben auch Verlierer schuf. Dessen Prinzipien belasteten die Beziehungen und das »Elefantengedächtnis« der beteiligten oder betroffenen Parteien.

Doch unsere Jetzt-Zeit nimmt auf langwierige und strategisch ausgerichtete Ansätze nur begrenzt Rücksicht. Die Uhr im Verkauf tickt heutzutage häufig schneller und rigoros. Wer heute wenig oder zu langsam einkauft oder verkauft, der ist vielleicht morgen bereits in einem anderen Job oder hat gar keinen mehr. Die »Geiz ist geil!«-Mentalität hat sich allerorts durchgesetzt. Die Schnäppchenjäger verstecken ihre Billig-Billig-Haltung häufig hinter dem Deckmäntelchen der Einsparung oder der »Kein Budget«-Aussage. Die vielfach eingesetzten sogenannten Strategieberater wie McKinsey, Bain, Booz Allen und Co. tun ihr Übriges dazu, indem sie Kostenreduzierungsprogramme promoten und diese vollmundig dann als strategischen Neuansatz mit wohlklingendem Vokabular schmücken.

Aber trotzdem ist Hardselling immer noch verpönt, hat es doch den Ruf des »Über den Tisch«-Ziehens. Die Wahrheit liegt, wie so oft, irgendwo dazwischen. Deshalb proklamiere ich das Provokative Verkaufen, hinter dem provokativ formuliert Folgendes steckt: Jedes Verkaufsgespräch ohne Ausschöpfung des Potenzials im Kaleidoskop aller Techniken und Instrumente, Vorgehensweisen und Methoden der gegebenen Sprachgewalt/GesprächsVerführung und der ihnen zugrunde liegenden sozio-psychologischen Erkenntnisse und Erfahrungen ist vergleichbar einem Kundenmord mit kleinen, aber entscheidenden Fehlern.

Wie fehlerhaft dieser Mord auf Raten geschieht, demonstrieren einige tagtägliche Beispiele aus verschiedenen Branchen, deren Vertrieb mittels Harvard-Konzept in unterschiedlichen Bereichen trainiert und geschult wurde:

- So schrieb mich ein Autohaus 1,5 Jahre nach dem Diebstahl meines Fahrzeuges immer noch an, um meine Zufriedenheit mit dem Auto abzufragen und dem Werkstattservice - peinlich und zugleich jedes Mal ärgerlich.
- Ein Autohersteller gibt seinen Händlern klare Richtlinien für das Corporate Design in allen Belangen vor. Doch die Verkäufer laufen unterschiedlich gekleidet herum und destabilisieren damit das Image. Schade, zumindest da in den Auslagen und Vitrinen die entsprechende CI-Kleidung offeriert wird. Wie es besser geht, zeigt ein bekanntes Straßenbauunternehmen auf Teneriffa. Es hat alle Mitarbeiter mit CI-Arbeits-

kleidung ausgestattet und lässt sie damit Werbung bei der tagtäglichen Arbeit laufen.

- Adidas schaltete wochenweise Anzeigen unter dem Motto »My Adidas«, mit dem Versprechen, dem Träger einen individuellen Laufschuh – ähnlich wie bei den Profis – angepasst auf seinen Laufstil, auf seine Fußausprägung und sein persönliches Abrollverhalten zu gestalten. Der Träger bekommt sogar die Möglichkeit, seinen Namen einsticken zu lassen, etwas teurer, aber sogar mit diversen Designvarianten. Nachgefragt ergab sich sehr schnell eine Sackgasse, da dieser Service damals plötzlich nur bei einem Laufspezialisten erhältlich war ... und zwar in Berlin. Aber weilt dort nicht jeder von uns irgendwann zwischendurch? Kunden, die dies nicht abschreckte, erhielten zumindest eine persönliche Urkunde mit den ermittelten individuellen Werten ...
- Ein großes Bonner Autohaus lässt über einen Marken-Verkaufsleiter »konsequente Verbindlichkeit« proklamieren. Der einzige, der dies wirklich lebt, ist der Service-Spezialist aus einer benachbarten Dachmarke, der sich einfach einmal einmischt, »denn sonst läuft das bei uns überhaupt nicht«. Der Geschäftsführer dagegen scheint eher ein Kommunalbeamter zu sein. Er erfragt einen persönlichen Termin und meldet sich dann trotz wiederholter Nachfrage nicht: »Irgendwie hat es nicht geklappt ...«
- Eine Kollegin von mir gab ihr Cabrio nach einem knappen Jahr zurück, weil das Dach nicht richtig schloss und es zwischenzeitlich fast vier Wochen in der Werkstatt war. Ein Leihwagen

stand ihr in dieser Zeit natürlich nicht in der gleichen Wertigkeit zur Verfügung. Bei der Rückabwicklung des Kaufvertrags stotterte der Geschäftsführer nur: »Die Dachführung muss die Dame irgendwie verbogen haben!« Nach der Rückabwicklung jedenfalls gab es für den »stolzen Besitzer« vom Cabrio-Hersteller noch ein persönliches Gravurstück. Beim Hersteller war die Info zur Rückabwicklung nämlich noch nicht angekommen – und das nach zwei Monaten!

- Bei einem Reiseveranstalter wird ein umfangreiches Wellness-Programm in einem Hotel, One of the Leading Hotels of the World, gebucht. Im Hotel heißt es dann beim Antritt des Programms nur lapidar: »Bitte legen Sie doch Ihre Wellness-Gutscheine vor. Wir haben nichts von dem Reiseveranstalter vorliegen. Aber das passiert häufig!« Zudem verspricht der Katalog des Reiseveranstalters für dieses ausgezeichnete Wellness & Spa Hotel jedem Gast, der länger als sieben Tage bleibt, eine Gratis-Schnupperanwendung ... falls der Gast nicht vergisst, danach zu fragen, denn automatisch läuft so etwas keineswegs!
- Ein großer Filmhit war vor einigen Jahren die »Passion Christi« mit Mel Gibson. Überall berichteten die Medien ausgiebig über diesen Film, und zwar sehr kontrovers. Nur der Nachverkauf von DVDs in Deutschland lief damals schleppend. Die Berater und Verkäufer im Handel taten sich schwer. Der Grund dafür lag in der irritierenden Argumentation des Vertriebs: »Auch wenn der Film teilweise sehr schlecht bewertet und kritisch hinterfragt wird, sollten Sie ihn trotzdem in Ihr Pro-

gramm aufnehmen!« Die Kunden bzw. Händler reagierten verständlicherweise daraufhin nur zögerlich. Dabei hätte man ganz einfach besser argumentieren können: »Da der Film so kontrovers diskutiert wird, muss man ihn persönlich gesehen haben, und deshalb müssen Sie ihn ausgiebig für Ihre Kunden promoten ... Natürlich unterstützen wir dieses mit den entsprechenden hochwertigen Aufstellern und Eyecatchern. Der Film provoziert und regt enorm zur breiten Diskussion an!«

Harvard-Konzept versus Provokatives Verkaufen – die Unterschiede

Nachfolgend sind die wesentlichen Unterschiede des Provokativen Verkaufens zum Harvard-Ansatz dargestellt.

Die Zielsetzung

Der Harvard-Ansatz geht von einer solidarisch motivierten Zielsetzung aus, einem klaren Win-win-Modell. Beide Parteien punkten gemeinsam in fairem und offenem Dialog miteinander im Gespräch, streben damit ein möglichst beidseitig optimales Ziel an und sind sich darüber bewusst, dieses jeweils höchste Verhandlungsergebnis nur in einem gemeinsamen Bestreben sicherzustellen. Individuelle Interessen werden offen in die Verhandlung eingebracht. Es gibt keine verdeckten Interessen und auch keine »Joker im Ärmel«, die auch einmal gezinkt sein könnten.

Der Ansatz des Provokativen Verkaufens geht von einem anderen Miteinander aus. Er beruht auf modernen soziopsychologischen Erkenntnissen primär amerikanischer Studien, wie diese beispielsweise in »Die Große Verführung« von Robert Levine dargestellt sind. Dabei verfolgt jeder Gesprächspartner eigene Interessen, die er auch selbstverständlich möglichst gewinnbringend auszuspielen versucht. Diese Eigeninteressen prägen sein Ziel. Solidarisch motiviert ist er nur, wenn er durch einen avisierten Interessenausgleich und durch bewusstes Punktenlassen des Gegenübers seine eigene Punktzahl optimieren kann. Dieses ist letztlich sein einziges wahres Ziel, dem andere Ziel strategisch untergeordnet sind. Ein langfristiges Denken kommt natürlich ebenso zum Tragen, sodass gegebenenfalls ein Zugeständnis an den anderen strategischen Wert bekommt.

Beide Ansätze sind von einer grundsätzlich fairen, moralisch sauberen Vorgehensweise geprägt, aber bei Harvard gibt es den Fokus auf dem gemeinsam zu erreichenden Ergebnis, während beim Provokativen Verkaufen die paritätische Betrachtungsweise zugunsten der egozentrischen Fokussierung aufgegeben ist. Diese entspricht auch dem Menschenbild, das ich als studierter Theologe mit einem ethischen Promotionsthema, nämlich dem »Gewissensverständnis« primär als real erlebt habe. Der Harvard-Ansatz ist diesbezüglich wünschenswert, aber leider nahezu utopisch.

Gesprächsführung

Der Harvard-Ansatz ist in der Gesprächsführung konsensorientiert. Er lebt davon, dass sich die Gesprächspartner gegenseitig in der Verhandlung abholen und sich grundsätzlich auch an die ungeschriebenen Regeln fairer Gesprächsführung halten. Seine Dialog-Muster basieren auf dem Grundsatz »Ich bin okay, du bist okay!«. Unterbrechungen oder emotionale Friktionen sachorientierter Gesprächsführung sind Tabus. Konflikte sind zu beheben, bevor in der Sache weiterdiskutiert werden kann.

Der Ansatz des Provokativen Verkaufens schöpft das Kaleidoskop der Gesprächsführung bis hin zur Eskalation und konfliktären Verhandlungsführung aus. Er beinhaltet außerdem das bewusste Emotionalisieren des Gegenübers und löst sich auch in bestimmten Situationen von der Motivierung des Gegenübers.

Grundsätzlich ist sich der Provokative Verkäufer bewusst, dass Gesprächs(Ver)führung ein bewusstes Steuern des Gegenübers ist. Er weiß, dass das Provokative Verkaufen auch kurzfristig in einem Überreden münden kann, wenn es langfristig zu einem Überzeugen führt.

Ein solcher Ansatz steht im klaren Widerspruch zum Harvard-Modell, welches ohne Frage in den letzten Jahrzehnten die Verhandlungskultur zumindest in unserem westlichen Kulturkreis nachhaltig geprägt hat. Es ist aber leider auch in die Jahre gekommen und wird mittlerweile von vielen Topleuten sehr kritisch gesehen. So beispielsweise in der Automobilindustrie, wo in vielen Verhandlungssituationen über ein mögliches Win-Win-Modell gelacht wird ... und man dort ein »Friss Vogel oder stirb!« erlebt.

Sprachmuster

Die Sprachmuster der beiden Ansätze sind grundverschieden.

Im Harvard-Konzept findet sich eine einnehmende Sprachausprägung, die zugleich stark von Weichmachern und Relativierungen geprägt ist. »Bloß nicht den Verhandlungspartner brüskieren!« Gemäß dieses Grundsatzes sind klare und deutliche Positionierungen verpönt, da sie doch Konflikte heraufbeschwören könnten. Stattdessen erarbeitet man sich gemeinsam in den Diskussionssequenzen die einzelnen Positionsschritte, die dann gemeinsam verabschiedet die Basis für den nächsten Schritt bilden.

Vielleicht, eventuell, könnte, möchte, würde, falls machbar – die Liste der Einschränkungen und Weichmacher ist ellenlang, bewusst antrainiert und unbewusst bis in den sprachlichen Exzess gesteigert. In Sprachnebel gehüllt stochern die Verhandlungspartner nach der gemeinsamen Nadel im Heuhaufen ...

Der Provokative Ansatz ist hingegen flankiert von einer faktizierenden Sprache. Sie verzichtet auf die von mir so bezeichneten »verbalen Inkompetenz- und geistigen Bankrott-Erklärungen«. Der ehemalige Chefredakteur des Fokus Helmut Markwort würde an dieser Stelle zurecht ausrufen: »Fakten, Fakten, Fakten!«, denn Provokatives Verkaufen fordert eine prägnante Positionsvorgabe ein.

Gerne diskutiert der Provokative Verkäufer über die Bewertung der Position, aber grundsätzlich setzt er die Position. Während Harvard in ausgeprägter Nutzung eines sogenannten Restricted Codes auf die Bewertung von Aussagen des anderen verzichtet, setzt der Provokative Verkäufer auf den Elaborated Code: auf das konsequente Benutzen von Adjektiven und Adverbien zur Positionsvorgabe und deren Verstärkung.

Der wesentliche Unterschied zwischen beiden Ansätzen besteht allerdings in puncto Dominanz. Der Harvard-Verkäufer sucht und wünscht eine solidarisch-paritätische Gesprächsführung. Hier kämpft man nicht um die Offensive. Man vermeidet Dominanz. Ritualisierung und Rivalität sind Tabus in der Harvard'schen Denke.

Anders, ganz anders ist das beim Provokativen Verkaufen. Hier sucht man Dominanz. Gesprächsführung geht einem Verkäufer hier über alles, und so verführt er auch im Gespräch. Das Steuer verbleibt auch bei höheren Gesprächsanteilen seitens des Gegenübers in seiner Hand. Er kämpft um die Gesprächsführung, wohlwissend, dass Inhalte und Resultate nur dann optimierbar sind, wenn er diese innehat.

Provokatives Verkaufen ist geprägt durch folgende Regeln:

- Klare Positionierungen erfordern prägnante Kernbotschaften.
- Jede Antwort auf eine Frage oder Aussage legitimiert die Frage.
- Der »Kontrollierte Dialog« verbietet sich in diverser Hinsicht, zum Beispiel bei Negativ-Aussagen und Vorwürfen.
- Faktizierende Sprache führt zum Gesprächserfolg.
- Bewertungen geben Positionierungen vor.
- Nur die Beherrschung der Gesprächsführung ermöglicht inhaltlichen Erfolg.
- »Wer fragt, der führt« ... sich selbst zum Ausgleich seiner Informationsdefizite. Wer appelliert ... der führt das Gespräch!

Die psychologische Ebene

Die Anhänger des Harvard-Konzepts lehnen die unterschwellige, subtile GesprächsVerführung im Verkaufsprozess ab.

Wer provokativ verkauft, nutzt hingegen die psychologischen Grundmuster der GesprächsVerführung zur Klärung der Verhandlungspositionen.

Aus der Perspektive des Provokativen Verkaufens bleibt ein Verkäufer, der beispielsweise mit

- Programmierung,
- De-Programmierung,

- Re-Programmierung,
- Stabilisierung von Verhalten,
- De-Stabilisierung von Verhalten,
- Konditionierung,
- mentaler Abkürzung,
- Paradigmenwechsel

sowie weiteren soziopsychologischen Grundregeln nichts anfangen kann, ein Verkäufer auf zweiter Ebene.

Nur wer sich dieser Muster im Provokativen Verkaufen bewusst ist, sich also mit ihnen auseinandergesetzt hat, der zählt zu den Spitzenverkäufern – unabhängig davon, ob er diese gutheißt oder nicht.

Schwarze Rhetorik

Meister der Schwarzen Rhetorik lassen sich selten durch den Inhalt einer Diskussion beirren, sie zerlegen Ihr Gegenüber durch Konzentration auf die Person.

Lernen Sie in diesem Kapitel die wichtigsten psychologischen Kunstgriffe, rhetorischen Fallen und Verbalfinten kennen. Schützen Sie sich davor oder nutzen Sie diese. Sie haben die Wahl.

Ein Hinweis vorab

Manipulation oder GesprächsVerführung sind kritische und fragliche, anrüchige und negativ bewertete Begrifflichkeiten. Drei Kriterien kennzeichnen sie: Das Gegenüber

- wird beeinflusst, um gegen seine Interessen und zum Vorteil des Manipulierenden zu agieren.
- nimmt sie (meist) nicht wahr.
- glaubt, in seinen Entscheidungen und Handlungen frei zu sein.

Und dennoch: die Techniken, Muster, Instrumente und Methoden sind die gleichen wie in der positiven Gesprächsführung – nur die Intention ergibt den Unterschied.

Im Folgenden lernen Sie die gravierendsten Manipulations-, Argumentations- und Gesprächsfallen kennen und erfahren, wie Sie

- sich davor erfolgreich schützen,
- sie vermeiden,
- sie neutralisieren oder auch
- konsequent und mit Professionalität nutzen.

Nur so behalten Sie die Fäden der Gesprächsführung in der Hand.

Ebenso hilft dabei die sogenannte Schwarze Rhetorik. Mithilfe von rhetorischen, dialektischen, eristischen und rabulistischen Kunstgriffen gelingt es damit, nicht nur das Gespräch zu führen, sondern es zielorientiert in den gewünschten Bahnen zu lenken und gleichzeitig den Gesprächspartner oder das Publikum zu dem beabsichtigten Ergebnis zu leiten unter Nutzung aller soziopsychologischen Grundmuster.

Die wichtigsten Strategieelemente der Schwarzen Rhetorik

- Anecken ist notwendig, um Aufmerksamkeit zu erzeugen. Achten Sie jedoch dabei immer auch auf Ihre Gesprächsziele, Diskussionspartner und das Umfeld der Diskussion.
- Lernen Sie zunächst, sich Gehör zu verschaffen.
- Erfolge in Gesprächen erzielen Sie nicht durch Inhalte, sondern durch deren Verpackung.
- Überwinden Sie Ihre Angst vor bestimmten Situationen; bekämpfen Sie Ihre Furcht vor »sprachgewaltigen« Gesprächspartnern und lernen Sie, Lampenfieber und Aufregung geschickt zu kanalisieren.
- Pokern Sie auch einmal, wenn es notwendig ist. Ein gelungener Bluff ist besser als eine nachhaltige, herbe Niederlage!
- Beachten Sie genau die Rollendisposition und brechen Sie notwendigerweise Rollenzuweisungen (Paradigmenwechsel).

- Überprüfen Sie grundsätzlich Gesprächsvorgaben und Präsentationsgrundlagen.
- Vermeiden Sie typische Argumentationsfallen und vordergründige, unzureichende Scheinargumente (Schwarz-Weiß-Argumentation, Pseudobeweis der Analogie, Argumentation der Unausweichlichkeit).

Die Techniken und Methoden

Definitionen verlangen

Setzen Sie Ihren Gesprächspartner unter Druck, indem Sie ihn Allgemeinbegriffe definieren lassen. Arbeiten Sie dreist mit den Worthülsen, die der andere verwendet, und machen Sie diese zu Pfeilen, die er sich letztlich selbst in den Rücken schießt.

BEISPIEL

»Definieren Sie doch bitte einmal »Qualität« nach ISO 9001, damit wirklich klar ist, wovon Sie sprechen.«

Ihr Gegenüber wird versuchen, den Begriff zu umschreiben – ahnden Sie solche Ausflüchte konsequent und verlangen Sie weiterhin eine Präzisierung.

Mit sich selbst diskutieren

Wählen Sie den besten Gesprächspartner: Diskutieren Sie mit sich selbst! Konstruieren Sie einen fiktiven Dialog, indem Sie sich selber Fragen stellen und diese auch beantworten.

Ein Beispiel: Wenn der Verkehrsminister jetzt hier wäre, würde meine Frage lauten: »Haben Sie die Komplexität der Verkehrswende übersehen?« Seine zögerliche Antwort wäre selbsterklärend ...

Alle Argumente, sowohl gegen als auch für einen Aspekt, liegen nun bei Ihnen. Sie bringen dadurch Argumente ins Gespräch, die Sie dann selbst widerlegen oder die Ihnen zum Vorteil in einer Diskussion gereichen.

Die Gegenteilsfinte

Nutzen Sie die Gegenteilsfinte, die in der Eristik, der Lehre vom Streitgespräch, auch Retorsion genannt wird. Sie nehmen dabei das Argument des Gesprächspartners auf und verkehren es ins Gegenteil, indem Sie einen Umkehrschluss daraus ableiten.

BEISPIEL

»Entschuldigung, aber ich bin schließlich Führungskraft ...« – »Stimmt, aber Zitronenfalter können auch keine Zitronen falten!«

Etikettier-Maschine

Verstehen Sie sich als verbale Etikettier-Maschine. Wir alle wollen – soziopsychologisch betrachtet – einer Mehrheit angehören und gefallen uns in sozialer Bewährtheit, indem wir uns zu einer Gruppe zählen. Wir ordnen auch andere gerne einer bestimmten Gruppe zu. Dieses Phänomen lässt sich in der Gesprächsführung vortrefflich nutzen.

BEISPIELE

Landespolitiker betonen gerne, dass ihr politischer Gegner als Hauptstädter in Berlin den Kontakt zur einfachen Bevölkerung verloren habe.

Viele Amerikaner glaubten lange Zeit, Barack Obama gehöre zu den Muslimen. Wer hat ihm dieses Etikett wohl verpasst?

Konjunktive wiederholen

Zermürben Sie Ihren Gesprächspartner, indem Sie die Konjunktive (hätte, sollte, könnte, würde), die er verwendet, anscheinend irritiert laut fragend wiederholen.

Wiederholen Sie aber immer nur einzelne Worte oder Satzteile. Damit bewirken Sie, dass er diese Aussagen korrigiert oder rechtfertigt. Sprechen Sie dabei gleichzeitig an, dass Sie damit in seinem verbalen Chaos Ordnung schaffen.

> Vermeiden Sie selbst in Ihren Aussagen konsequent Konjunktive.

Die Churchill-Methode, oder: die Autoritätsfalle

Der ehemalige Premierminister von Großbritannien Winston Churchill sagte einst: »Ich habe die Statistik frei erfunden, aber die Opposition benötigt zu deren Entkräftung Monate.« Nutzen auch Sie seine Methode: Unterstreichen Sie Ihre Aussagen mit beeindruckenden Statistiken, die Sie vorab am besten zu Ihren Gunsten präpariert haben. Ihr Gesprächspartner wird in diese Autoritätsfalle gerne hineintappen.

Die Lob-Falle

Kennen Sie das trojanische Pferd mit drei Buchstaben? Es heißt LOB. Loben Sie Ihren Gesprächspartner überschwänglich, so beispielsweise für seine Verhandlungsstrategie oder Gesprächsführung. Und zwar immer wieder. Das verleitet ihn zur Flüchtigkeit, zum Narzissmus ... und schafft Irritationen, die Sie gezielt für sich nutzen können.

Setzen Sie diese Technik professionell ein, denn 1.000 richtige Komplimente sind schwerer zu ertragen als ein deutlicher Tadel. Lob öffnet Ihnen die Tür zum Gegenüber, wie zahlreiche Studien belegen.

Negativ-Signale senden

Kommentieren Sie die Äußerungen Ihres Gegenübers konsequent mit negativen Signalen. Das können Gesten oder Töne sein, aber auch eine abfällige Mimik. Räuspern Sie sich, runzeln

Sie die Stirn, winken Sie mit der Hand ab, schütteln Sie den Kopf, pfeifen Sie durch die Zähne, sprechen Sie leise mit, schieben Sie ein »und?!« dazwischen, putzen Sie sich die Nase, klatschen Sie in die Hände, um Ihrem Gegenüber spöttisch Beifall zu zollen, lachen Sie zwischendurch unvermittelt. Ein solches Verhalten verunsichert und irritiert auch den selbstsichersten Gesprächspartner.

Erweitern Sie das Repertoire dieser paradoxen Interventionen ständig.

Die Negativspirale

Die Verhandlung, Diskussion oder Debatte verläuft ungünstig? Dann setzen Sie eine geistige Negativspirale in Gang, indem Sie die Diskussion als müßig abtun, die damit verschwendete Zeit beklagen oder Ihrem Gegenüber vorwurfsvoll mitteilen, dass er ein so unwesentliches Thema so hoch aufhängt. Oder lassen Sie ihn wissen, dass weder er noch Sie zu den Betroffenen gehören, es also wirklich kein Thema zwischen Ihnen sei.

Lernen Sie von Kindern, die ein Spiel verlieren und daraufhin betonen, dass das Spiel ohnehin doof sei und keinen Spaß macht.

Die Reductio-ad-Hitlerum-Karte

Spielen Sie die hinterhältige Reductio-ad-Hitlerum-Karte aus. Sie ist ein effektives Mittel zur Diskreditierung Ihres Gesprächspartners. Dabei setzen Sie ihn mit üblen Gesellen oder negativ eingestuften Persönlichkeiten der Geschichte oder Gegenwart gleich.

BEISPIEL

Unterstellen Sie Ihrem Gesprächspartner, dass sein Verbalgeplänkel einem Politiker gleicht, der »den Menschen in unserem Lande« seine Weisheiten erkläre, aber sich dennoch von ihnen distanziere.

Mentale Abkürzung

Kennen Sie die Strategie der mentalen Abkürzung? Dahinter verbirgt sich nichts anderes als Besserwisserei. Seien Sie ein quälender Besserwisser. Überziehen Sie die Aussagen Ihres Gegenübers mit Fremdwörtern, streuen Sie Fachbegriffe und Experten-Termini ein. Ihre Zuhörer werden die Besserwisserei nicht entlarven. Sie meinen, in Ihnen den Experten zu erkennen, der dem Laien die ihm fremde Welt erklärt.

BEISPIEL

Der Gesetzgeber ist die Exekutive, Gott ist das aliud ordinans, in essencia und substancia, in seiner Dass-Gegebenheit und Wie-Beschaffenheit, zu erfassen in seiner Daseins-Allmächtigkeit.

Die Neiddebatte

Starten Sie eine subtile Neiddebatte. Das funktioniert sowohl in die eine als auch in die andere Richtung:

- Ist Ihr Gesprächspartner richtig reich, dann verweisen Sie darauf, dass er seinen Reichtum sinnvoll nützen könne und müsse – nennen Sie dabei als Vorbilder Mark Zuckerberg oder Bill Gates mit seiner Foundation.
- Ist Ihr Gegenüber eher weniger gut situiert, dann unterstellen Sie ihm, dass er einen ausgeprägten Sozialismus lebe und Neid auf die Kapitalisten durchblicken ließe.

Der Argumente-Klau

Plagiieren Sie einfach die besten Argumente Ihres Gesprächspartners. Der Ideen- und Argumente-Klau lässt auch den überzeugendsten Debattierer irgendwann die Nerven verlieren.

BEISPIEL

Ihr Gegenüber betont, dass aus Krisen auch viel Neues und Gutes entsteht. Machen Sie sich dieses Argument zu Eigen und toppen Sie es noch, indem Sie darauf hinweisen: »Sie haben vergessen zu erwähnen, dass alle historischen oder wissenschaftlichen Fortschritte letztlich durch Kriege oder Revolutionen entstanden sind.«

Die Slippery-Slope-Methode

Jede Diskussion, jede Verhandlung ist immer auch eine »rutschige Piste«, eine »Slippery Slope«. Philosophen bezeichnen als gleichnamige Methode den Kunstgriff, Ursache und Wirkung in ihrer Auswirkung zu stigmatisieren.

Juristen nutzen diese Methode auch gerne, wenn sie argumentieren, dass logischerweise (!) die Legalisierung von weichen Drogen zwangsläufig der Einstieg zu harten Drogen sei oder dass Kinder, die mit Spielzeugpistolen hantieren, später zwangsläufig kriminell würden.

Die Dauerschleifen-Technik

Zeigt Ihr Gesprächspartner zeitweilig verbale Inkontinenz, leidet er an Logorrhö, also krankhafter Geschwätzigkeit, oder Verbaldurchfall, da er wie ein Wasserfall ohne Punkt und Komma Phrasen drischt?

Nehmen Sie einzelne Worte auf, um sie dann zeitverzögert wieder in seinen Monolog einzuwerfen. Sie werden sehen: Ihr Gesprächspartner gerät daraufhin in Dauerschleifen. Der Dauerredner demontiert sich damit ganz von selbst, da uns Marathonschwätzer nerven, vor allem dann, wenn sie sich wiederholen.

Weichmacher aufdecken

Steigen Sie konsequent auf die Weichmacher, auf verbale Inkompetenz- und geistige Bankrotterklärungen Ihres Gegenübers ein. Strafen Sie seine Relativierungen, wie beispielsweise eigentlich, relativ, im Prinzip, hoffentlich, ehrlich gesagt, voraussichtlich, quasi, möglichst, wahrscheinlich, sozusagen, ich glaube/hoffe/vermute/denke ...

Beispiel: »Ich denke, das ist ein faires Angebot ...!« – »Denken Sie nur? Fehlt Ihnen der Vergleich?«

> Vermeiden Sie konsequent selbst jegliche Form von Weichmachern.

Die Therapie-Couch-Technik

Schlüpfen Sie in die Rolle des pathologischen Psychoanalytikers und betrachten Sie die Argumentation Ihres Gesprächspartners wie die eines Patienten, der versteckt seine Triebe und sein Begehren zur Sprache bringt. Machen Sie ihm deutlich, dass er kompliziert sei, loten Sie genüsslich seine Motive aus, indem Sie dem Vogel, den er hat, das Sprechen beibringen.

Sitzt Ihr Gegenüber noch auf dem Stuhl? Legen Sie ihn geistig auf die Couch!

Quelle anzweifeln

Anerkennen Sie die Bildung Ihres Gegenübers – aber lassen Sie sich nicht darauf ein. Ein Wortgefecht ist immer auch ein Austausch von Wissen, in das Gesprächspartner gerne Fakten aus Büchern, Artikeln und Statistiken einbringen, die sie sich angelesen haben. Sagen Sie einfach, die Quelle wäre Ihnen fremd, sodass sich auch die Argumentation darüber erledigt.

Selbstironie

Verführen Sie Ihren Gesprächspartner zur Selbstironie. Nutzt er Selbstironie von sich aus, dann verstehen Sie ihn bewusst falsch!

Nur die wenigsten sind in der Lage, sich selbst so durch den Kakao zu ziehen, dass dieser anschließend noch genießbar ist. Ein gutes Beispiel für gelungene Selbstironie finden wir bei Sten Nadolny »ER oder ICH«, wo der alternde Berater Ole Reuter, der durch Deutschland mit der Bahn unterwegs ist, sein ICH herunterspielt: »Im Grunde bin ich Verkäufer geworden«, lächelt Ole Reuter. »Heute verkaufe ich den Ruck, der durch Firmen, Parteien und Institutionen geht. Ich verdiene im Übrigen auch, wenn er ausbleibt.« (S. 39)

Typischerweise ist Selbstironie jedoch nur peinlich. Verleiten Sie Ihren Gesprächspartner zu dieser Peinlichkeit.

Der folgende Gesprächsauszug zeigt deutlich die Gefahren und den Widersinn von Selbstironie auf.

Die Selbstironie-Falle	
A	»Wie heißen Sie denn?!«
B	»Ich ...«
A unterbricht und sagt:	»Machen Sie ruhig das Jackett auf, dann sitzt es nicht so gespannt!«
B	»Okay, ja, also mein Name ist Michael ...«
A unterbricht B erneut:	»Wir kennen uns ja bereits durch eine gemeinsame Fahrstuhlfahrt, wobei Sie überrascht waren, dass es nach oben ging.«
B verunsichert:	»Nun, ich ...«
A fällt ihm grinsend ins Wort:	»Das ist im Fahrstuhl normal, entweder geht es nach oben oder unten.«
B zögerlich:	»Wollen, äh, Sie jetzt wissen, wer ich bin?«
A	»Ja, klar, Sie kommen bloß nicht auf den Punkt!«
B	»Also, mein Name ist Michael ...«
A	»... sagten Sie schon ...«
B	»Äh ja, ich bin von der Ausbildung her Diplom-Wirtschaftsinformatiker und arbeite jetzt bei der Firma Meier in Y-Stadt. Vorher war ich bei der Firma Müller in X-Stadt, die aber leider nicht mehr existiert. Und davor war ich bei der Firma Nixdorf, na ja, deren Schicksal ist ja auch bekannt.«
A	»Jetzt werden Sie natürlich sagen, dass Sie diese nicht zugrunde gerichtet haben. Oder?«
B	»Vermutlich nicht, aber ausgeschlossen ist es natürlich nicht (lacht). Es ist ... äh ... natürlich auffallend, dass alle Firmen, bei denen ich vorher war, aufgehört haben zu existieren. Ich führe das allerdings nicht unbedingt auf meine Mitarbeit zurück.« (Lacht wieder)

Die Selbstironie-Falle	
A	»Klar, warum sollten Sie auch? An Ihrer Stelle würde ich es auch nicht zugeben, schuldig zu sein.«
B	»Ähhmm.« (Lacht verlegen)
A	»Also, geben Sie es zu.«
B	»Nein. Ich konnte jedenfalls immer meine Arbeitgeber davon überzeugen, dass ich ein wertvoller Mitarbeiter bin. Bisher jedenfalls .... Habe es irgendwie immer auch geschafft, eine neue Stelle zu bekommen.«
A	»Klar, Hauptsache, man überträgt Ihnen nicht wieder unvorsichtiger Weise die operative Verantwortung ... da gehört schon einiges zu, so ein Unternehmen wie Nixdorf zugrunde zu richten ...«
B	»Ja, 30.000 Leute – schwupps – standen von heute auf morgen einfach auf der Straße.«
A	»Wie haben Sie das geschafft?«
B selbstironisch	»Das möchte ich eigentlich nicht verraten!«
A	»Wer bezahlt Sie denn dafür, dass Sie diesen Job machen? Die Wettbewerber der jeweiligen Unternehmen?«
B	»Den größten Teil meines Gehalts bekomme ich vom Arbeitgeber.«
A	»... und sicherlich eine Erfolgsprämie vom Wettbewerber?!«
B	»Ähmmm ...«
A	»Wer ist denn der schärfste Wettbewerber Ihres jetzigen Arbeitgebers?!«
B	»Das ist die Firma ABC, ... aber noch sind wir Weltmarkführer!«
A	»Noch ...«

Die Selbstironie-Falle	
B	»Ja, aber für die Produktion bin ich nicht verantwortlich, bin EDV-Fachmann, arbeite also im Hintergrund.«
A	»Klasse. Da kann also der Vertrieb noch so erfolgreich sein, solange Sie die EDV kontrollieren, läuft das Unternehmen nicht.«
B	»Ja, aber bei meiner Firma arbeite ich schon fünf Jahre und sie ist immer noch erfolgreich ...«
A	»... wie lange waren Sie denn bei Nixdorf?«
B	»Sieben Jahre!«
A	»Und dann bei dem Unternehmen danach?«
B	»Sechs Jahre...!«
A	»Also erwecken Sie zunächst einmal Vertrauen und dann
B	»Na ja... ?!« (Lacht)

Die Selbstironie erkennen Sie in diesem Dialog sofort: am Anfang des Gesprächs lockere selbstironische Replik und schon hat sich die kommunikative Schlinge zugezogen.

Und dabei weiß jeder, der diesen fiktiven Gesprächsausschnitt liest, dass die Selbstironie keinerlei Wahrheit enthält. Die selbstironischen Bemerkungen sind jedoch eine große Herausforderung für unser Gehirn. Wir lesen oder hören eine Botschaft, verstehen diese – richtig, genau und analytisch – klar und deutlich, sollen aber das Gegenteil denken und dann noch diese gegenteilige Aussage abspeichern.

Selbstironie ist ein geistiger Spagat, den der Gesprächsteilnehmer nicht leisten kann – auch wenn er die Selbstironie erfasst.

Lassen Sie uns anhand eines kurzen Beispiels veranschaulichen, wie wir Selbstironie aufnehmen:

A: »Sie sind eine Pfeife!«

B voller Selbstironie: »Ach, wenn Sie mich genauer kennen würden, wüssten Sie, dass ich sogar eine Oberpfeife bin!«

Und jetzt die Betrachtung aus Sicht des Zuhörers: Er hört einmal das Wort »Pfeife« und einmal den Begriff »Oberpfeife« und soll jetzt direkt die Selbstironie dessen erkennen und verstehen und sodann das Gegenteil abspeichern. Erlauben Sie mir hier eine Frage: Was ist das Gegenteil von »Pfeife?« – Sehen Sie?!

Antworten Sie also in kritischen Situationen auf Vorwürfe oder Fragen zu Ihrer Person, dem von Ihnen repräsentierten Unternehmen oder Kompetenzfeld niemals mit Selbstironie. Die Botschaft wäre eine Aufforderung zum geistigen Spagat für die Gesprächspartner ... und ein Fünkchen Wahrheit ist immer dran. Stellen Sie lieber durch eine klare Bewertung und eine positive Aussage die Fragen oder Vorwürfe richtig. Bewerten Sie den Gesprächspartner und seine Aussage konsequent.

Denken Sie daran:

- Wiederholen Sie die Vorwürfe nicht, denn Wiederholungen verankern die Botschaft im Gehirn der Zuhörer.
- Ersetzen Sie den Vorwurf durch eine positive Richtigstellung, niemals durch negative Abgrenzung (»Ich bin nicht schuld«).

Im ersten Beispiel könnte B auf die Frage: »Haben Sie das Unternehmen zugrunde gerichtet?« in etwa so antworten: »Im Gegenteil, ich habe dort sehr erfolgreich gearbeitet!«

> Ironie ist ein trojanisches Pferd der Verbalakrobatik, Selbstironie ist ein geistiges Minenfeld für den Anwender.

Agenda bestimmen

Gibt es eine Agenda? Zerschießen Sie diese, indem Sie mindestens einen weiteren Punkt ergänzen – das ist ein klares Zeichen Ihrer Dominanz.

So üben Sie Macht aus, denn wer die Agenda setzt, dominiert professionell. Dieser Akzent ist Ihr verbaler Fingerabdruck und vielleicht später ein wichtiger Hebel im Gespräch.

Auf Fair Play pochen

Ihr Gegenüber macht generelle Aussagen, die einen Interpretationsspielraum aufzeigen. Zeigen Sie sich irritiert oder empört und pochen Sie auf Fair Play: Unterstellen Sie ihm, dass er mit dieser Aussage Andersdenkende brüskiere und auch subtil ausgrenze, fahrlässig Minderheiten diskreditiere und die Meinungsfreiheit einschränke. Verblüfft leitet Ihr Gegenüber daraufhin garantiert eine Rechtfertigungsarie ein.

Selbstgefälligkeit vorwerfen

Tadeln Sie die subtile Selbstgefälligkeit Ihres Gesprächspartners. indem Sie betonen, dass es ihm scheinbar wichtig sei, sich im Gespräch anderen überlegen zu fühlen. Fragen Sie ihn, warum er sich so aufführt.

Mit dieser Taktik blockieren Sie Ihr Gegenüber unterbewusst, denn dieser Vorwurf sitzt und verleitet den anderen dazu, sich zu rechtfertigen und letztlich Zugeständnisse zu machen.

Plattformfragen

Arbeiten Sie mit Plattformfragen. Sie bestehen aus Aussagen, die mit einer Frage schließen.

Ein Beispiel: »Sie profitieren von dieser Veranstaltung in dreierlei Hinsicht: 1 ..., 2 ..., 3 ... Welches ist für Sie der wichtigste Vorteil? Oder ist es das Gesamtpaket?« – Ihr Gegenüber beantwortet die Frage ... und akzeptiert die Unterstellung der Vorteile.

Stress verstärken

Ein mieser Trick, den Gesprächspartner aus dem Ruder laufen zu lassen, ist, Stresssymptome anzusprechen, die Sie an ihm wahrnehmen können. Ihr Gegenüber fühlt sich entlarvt, was seinen Stress mit zusätzlicher Adrenalinzufuhr nur noch verstärkt.

Wahrnehmbare Stresssymptome sind beispielsweise sichtbare Schweißbildung, fahrige Handbewegungen oder eine höhere Stimmlage als üblich. Beispiel: »Sie schwitzen ja. Geht es Ihnen nicht gut?«

Man oder ich? Botschaften gezielt adressieren

Wir alle kennen die Gepflogenheit, das eigene »Licht unter den Scheffel zu stellen«, eine Angewohnheit, sich und das eigene Leben klein zu machen.

In der Kommunikation sprechen wir deshalb gerne vom Fassadenverhalten in der Selbstdarstellung: das eigene Selbstbild wird dann gerne allein in der Rollenfunktionalität ausgedrückt, während die Persönlichkeit hinter der bekleideten Funktion in einem Unternehmen zurück oder gar nicht zutage tritt.

Sten Nadolny, einer der viel gelesenen deutschen Schriftsteller der Gegenwart, beschreibt in seinem Roman »Er oder Ich« dieses Phänomen als positiv, weil sein Roman(un-)held sich bewusst dieser Anonymität bedient: »Man kann, wenn man eine Beobachtung notiert, das ICH zum Subjekt machen, aber auch ein ER, obwohl man ICH meint. ICH macht die Gedanken schneller, ER lässt Ihnen, des Abstands wegen, mehr Erfindungsfreiheit. ICH kann nicht so leicht eine ausgedachte Geschichte behaupten wie ER. »Ich bin« und »er ist« – das sind Gefäße sehr verschiedener Art.« (Nadolny, S. 11)

BEISPIEL

»Er ist strategischer Berater bedeutender Klienten aus Wirtschaft und Politik«, macht weniger argwöhnisch als ein »Ich bin …«.

Nadolny weiter: »Sofort drängt sich die Frage auf: Was ist das für einer, der so von sich spricht? Ist es denn wahrscheinlich, dass ein ernstzunehmender Mann der Wirtschaft oder Politik sich so anhört? Wir sagen von einem ICH, er rede reichlich geschwollen, und ziehen unsere Schlüsse daraus. ICH und ER sind zweierlei Netze; mit dem einen fängt man viele kleinere, mit dem anderen wenige und größere Fisch!« Doch Nadolny differenziert. Er lässt seinen Ole Reuter im Roman bewusst einmal die eine, mal die andere Sprechweise wählen.

In der Praxis erlebe ich es anders – dort haben viele Manager der ersten und zweiten Ebene, häufiger Männer als Frauen, das Grundproblem der Anonymisierung. Sie sagen: »Man macht Karriere, ergreift einen Job …« – aber dabei bleibt die Identität der beschriebenen Person auf der Strecke. Auch die Verbindlichkeit in Zusage oder bei Versprechen ist dann nur vage. Doch zugleich präsentiert dieses »Man« die eigene Unentschiedenheit oder die Unsicherheit, verdrängt das Handeln und relativiert Schwächen. Ausrutscher und Verfehlungen werden harmloser, Betroffenheit wird anders deklariert und persönliche Gefühle werden verborgen. Auch Personen lässt »man« außen vor, ent-personifiziert Geheimnisse oder Ereignisse und entlastet zugleich das Gedächtnis.

Oder meiden wir vielleicht bewusst mit dem Man das Peinlichkeit produzierende Ich? Sagt also jemand: »Ich bin einfach nicht im Rhythmus, bin auf der Trittleiter der Karriere gestolpert!«, dann klopfen wir ihm, allzu oft peinlich berührt, mitleidsvoll auf die Schulter und murmeln, dass es schon irgendwie werden wird. Ein anonymisiertes »Man« bringt dagegen kein mitleiderregendes Zeugnis zur Sprache, jammert kein schweres Schicksal vor. Es signalisiert Ruhe und Gelassenheit.

Man oder Ich – beides hat je nach Kontext seine Berechtigung. Fragen Sie sich also: Was wollen Sie bewirken? Was ist Ihr Ziel?

- Nehmen Sie das Manuskript oder den Präsentationstext Ihres nächsten Vortrages zur Hand. Streichen Sie das »Man« dort, wo es nichtig ist. Sprechen Sie die entsprechenden Passagen bewusst mehrmals laut durch, als Ich-Botschaft. Trainieren Sie Ihr »Ich«!
- Lassen Sie bei einem wichtigen Telefonat Ihr Diktiergerät mitlaufen. Kontrollieren Sie Ihre Ich-Er-Man-Differenzierung.
- Analysieren Sie auch bei anderen, so beispielsweise Kollegen, Mitarbeitern oder Geschäftspartnern, den Umgang mit »Man« und »Ich«.

Sensibilisieren Sie Ihre Sprache. Die folgende Übersicht hilft dabei.

Ich, Man, Du, Wir – die Wirkungen
Ich-Botschaften
▪ sind konfliktlösende Formulierungen.
▪ benennen eigene Emotionen.
▪ sind offen in der Formulierung und zugleich kalkulierbar in ihrem Anspruch.
Man-Botschaften sind
▪ anonyme Kommunikationskiller.
▪ beziehungslose Sprechmarotten.
▪ ausflüchtende Debattieransätze.
▪ entpersonalisierend und nicht-festlegend.
▪ sanfte Anfragen und Zusagen.
Du-Botschaften
▪ stehen für Appelle und Forderungen.
▪ nehmen Entscheidungen vorweg.
▪ adressieren das Gegenüber und fordern die Stellungnahme.
▪ geben Verantwortlichkeit ab.
▪ provozieren Rechtfertigung und Erklärung.

Ich, Man, Du, Wir – die Wirkungen
Wir-Botschaften
▪ betonen Gemeinsamkeiten.
▪ fordern Konsens ein.
▪ unterstreichen die Teamleistung.
▪ sind Ausflüchte des Ichs.
▪ Sind auf Wahrheitsgehalt zu überprüfen.

Falls Ihnen die Ich-Botschaft schwer über die Lippen geht, so gibt es einen kleinen Kunstgriff. Formulieren Sie Ihre Aussage aus Sicht Ihrer Vorgesetzten oder Kunden.

Ein Beispiel: »Welche Kompetenz ich mitbringe? Nun, für die Funktion sind Erfahrungen aus mindestens drei Großprojekten gefragt. Diese habe ich als Projektleiter in dem XY-Projekt zur Mitarbeitermotivation bei der Firma Meyer, der Projektsteuerung im Fusionsprozess bei ABC-CDE und in der strategischen Projektleitung bei der Unternehmensberatung GHI gesammelt. Die Projekte waren alle drei sehr erfolgreich. Die Auftraggeber waren mit meinen Leistungen in diesen Projekten jeweils außerordentlich zufrieden. So sagte beispielsweise der Inhaber der Firma Meyer: …«

Die Man(n)-Falle

Ihr männlicher Gesprächspartner formuliert häufig passiv und betont immer wieder, dass »man« darauf achten solle, was wirklich geschieht? Verspotten Sie ihn damit, dass es auch für »Frau« gelte und er das doch bitte berücksichtigen möge.

Nutzen Sie die entstehende Irritation, indem Sie ihn auffordern, endlich wieder zur Sache zurückzukommen. Geben Sie ihm Gelegenheit dazu und lauschen Sie dem daraufhin entstehenden Verbalchaos.

Wasser-Fall(e)

Offerieren Sie Ihrem Gegenüber unerwartet ein Glas Wasser. Irritiert verspürt es daraufhin mit Sicherheit einen trockenen Mund und ist von der inhaltlichen Sache zunächst völlig abgelenkt.

Verstärken Sie Ihre Offerte mit einer betont langen Sprechpause ... und lauschen Sie nun dem enthemmten »Wasserfall« aufmerksam.

Sie wollen noch einen draufsetzen? Dann sagen Sie Ihrem Gesprächspartner, dass er flüssig vortrage, der Inhalt aber mehr sei: nämlich überflüssig.

Affirmationen

Kommentieren Sie schwache oder auch starke Argumente Ihres Gegenübers mit emotionalen oder auch sachlichen Affirmationen. Solche Bestätigungen können negativer oder auch positiver Art sein. Verwenden Sie Begriffe wie beispielsweise logisch, klar, liegt auf der Hand, abstrus, kritisch, aha, mhm, wow, interessant.

Das verleitet Ihren Gesprächspartner zu unnötigem Weiterreden und dem Verwässern seiner Argumentation. Vor allem selbstgefällige Menschen tappen sehr gerne in diese Affirmations-Falle ... und zerlegen sich dann selbst.

Metaphern entkräften

Dreschen Sie das Stroh im Kopf Ihres Gesprächspartners, wenn er in Bildern spricht. Ein bekannter, selbstverliebter Verhandlungstrainer sprach einmal davon, dass er ein Löwe sei, der sich nicht darum schert, was Schafe über ihn denken. Hätte er voraus- oder wenigstens nachgedacht, wäre auch ihm klar gewesen, dass es dort, wo Löwen in freier Wildbahn existieren, höchstens Ziegen gibt – Schafe dagegen nicht.

Demagogen-Technik

Bezeichnen Sie Ihren Gesprächspartner als Demagogen, der mit seinen Worten einen Kahn zum Schaukeln brächte und anderen versuche einzureden, dass in der Öffentlichkeit ein Sturm herrsche. Betiteln Sie dann seine eloquente Wortakrobatik als Denken mit dem Kehlkopf, wobei er winzige Gedanken in große Worte kleide und in den Wind spreche, den er selber erzeuge – und reagieren Sie auf die nun folgende Entrüstung mit betonter Sachlichkeit.

Selbstverliebtheit unterstellen

Unterstellen Sie Ihrem Verhandlungspartner Selbstverliebtheit. Fragen Sie ihn, wann diese egozentrische Leidenschaft zu sich selbst bei ihm angefangen habe und worauf er diese narzisstischen Züge begründet ... und warum er diese im Gespräch nicht einmal hintanstellen könne.

Fies ist es dann, wenn Sie ihm bestätigen, dass diese Selbstverliebtheit Gottes Geschenk an kleine Menschen sei, egal, wie lang (groß) sie sind.

Gesprächsinhalte zusammenfassen

Erhöhen Sie Ihre eigene Dominanz und Außenwirkung, indem Sie in regelmäßigem Abstand die bisherigen Gesprächsinhalte nochmals zusammenfassen.

Damit schaffen Sie strategische Eckpfeiler für kritische Zugeständnisse Ihres Diskussionspartners – da Ihre Worte die Richtung weisen. Zudem übernehmen Sie die Poleposition der Meta-Ebene, der Kontrollebene in der Kommunikation.

Aussagen des anderen überspitzen

Betont Ihr Gegenüber seine Werte und ethischen Grundsätze, seine Menschlichkeit? Dann ziehen Sie zynisch vom Leder, indem Sie diese Einstellung überspitzen und sarkastisch hochnehmen.

Sagen Sie ihm, dass er schließlich auch nur ein Mensch sei: ein Triebverdränger (Freud), ein letztlich arriviertes Tier mit aufrechtem Gang (de Gourmont), ein ahnungsloser Blinder, der vom Sehen träumt (Hebbel), ein Gott, wenn er träumt, und ein Bettler, wenn er wirklich einmal nachdenkt (Hölderlin).

Öl ins Feuer gießen

Sie bemerken, dass der Stresspegel Ihres Gegenübers ansteigt, dass ihm emotional der Kamm schwillt. Seine Stimme wird lauter, seine Mimik spiegelt seine Wut.

Gießen Sie verbales Öl ins Feuer – konfrontieren Sie ihn mit seiner Emotion und seinen Gefühlen: »Sie vermitteln den Eindruck, sich kaum beherrschen zu können!«, oder: »Erklären Sie uns bitte einmal Ihre leicht aggressive Haltung.«

Der Vorteil liegt auf der Hand: Emotionalisieren Sie hier zusätzlich, dann geht Ihr Gesprächspartner emotional völlig ab, sprichwörtlich wie »Schmidts Katze!«

Sachliche Argumente ad absurdum führen

Reitet Ihr Gegenüber auf der Sachlichkeit herum? Sagen Sie ihm, dass seine Sachlichkeit einem Computer gleicht – er hätte auch das Zuhören nicht gelernt. Sagen Sie ihm direkt, er sei ein Computer, allerdings einer mit Stuhlgang und Blutkreislauf.

Fragen Sie ihn, warum er die Mittelmäßigkeit höher bewertet als die Vorteile, die ihm erwachsen könnten. Erklären Sie ihm auch, dass seine Sachlichkeit die emotionale Einbindung der übrigen Gesprächsteilnehmer oder auch des Auditoriums verhindere ...

Sachverstand entkräften

Ihr Gegenüber betont immer wieder seinen Sachverstand. Bestätigen Sie diesen und erklären, dass er jedoch zugleich auch seine Begrenzung und das schleichende Gift einer lebhaften Diskussion sei.

Erklären Sie ihm, warum sein Sachverstand ihn hindere, sich von seinen eigenen Vorurteilen zu trennen. Schlussfolgern Sie, dass er deshalb auch mit guten Gründen zu der falschen Schlussfolgerung käme. Sein Sachverstand hätte ihn weit gebracht, nun aber sei es an der Zeit, einmal »disruptiv« zu denken, also alte Muster hinter sich zu lassen, Grenzen zu überwinden und Mauern einzureißen.

Schweigen

Eignen Sie sich eine wundersame Sprache an, zu der nur wenige fähig sind in Diskussionen: Verfallen Sie in Schweigen – und halten Sie dabei eisern Blickkontakt, am besten ohne Mimik und Blinzeln. Eine Kunst, die Tim Cook, dem CEO von Apple, nachgesagt wird.

Nutzen Sie diese einzigartige Argumentation, die sich nicht widerlegen lässt. So oder so – Sie wählen damit die mieseste oder auch bescheidenste Methode für Ihre Kritik. Sie toppen das noch, indem Sie entweder abfällig grinsen, oder dem Gesprächspartner Ihre Aufmerksamkeit entziehen.

Schweigende zum Reden bringen

Ihr Gesprächspartner möchte Ihnen mit seinem Schweigen seine Verachtung demonstrieren? Spitze! Dann provozieren Sie ihn damit, dass seine scheinbare Eloquenz eine wahrnehmbare Verstopfung erfährt, was allerdings angesichts seiner schwachen Argumentation vorauszusehen war.

Wetten, dass er sich rechtfertigt? Winken Sie daraufhin sofort ab und betonen Sie, dass seine Rechtfertigung sein Schweigen auch nicht ersetzen könne.

Sarkasmus und Ironie kontern

Ihr Gesprächspartner zeigt sich sarkastisch und ironisch? Fein! Dann erklären Sie ihm, dass er mit dieser Lyrik des Hasses scheitere, weil er Ihre Herzlichkeit mit Füßen trete. Erklären Sie ihm, dass er scheinbar einem Elefanten Mausefallen stellen wolle und zugleich ein gekränkter Idealist ist, der einst das Gute in der Welt suchte, das Schlechte gefunden hat und nun dagegen ankämpft. Und zwar vergeblich.

Konjunktiv-Taktik

Erinnern Sie sich an eine wichtige Regel meines Rhetorik-Codes: keine Konjunktive? Keine Regel ohne Ausnahme: In wenigen Fällen ist das Sprechen in Konjunktiven sogar hilfreich, so beispielsweise in verfahrenen Konfliktsituationen.

Senden Sie Ihrem Diskussionspartner verbale Friedenstauben, indem Sie ihm scheinbar Zugeständnisse machen und Lösungsvorschläge unterbreiten – doch verzieren Sie diese mit Konjunktiven. Steigt er darauf ein, lehnen Sie diese rigoros mit klarer Sprache und nun ohne Konjunktiv unmissverständlich ab.

Logik entkräften

Ihr Gegenüber betont immer wieder die Logik. Provozieren Sie ihn, kitzeln Sie seine Emotionen wach: Bestärken Sie ihn darin, dass er mit seiner Logik offenbare, in konsequenter Übereinstimmung mit seinen Begrenztheiten und Unfähigkeiten seines individuellen Missverstandes zu denken ... und beglückwünschen Sie ihn zu dieser geistigen Schlichtheit. Provokation pur! Fragen Sie ihn, warum er sich dieser Zwangsjacke geistigen Reichtums bedienen müsse – es wäre peinlich.

Der Schwarze Schwan

Ihr Gesprächspartner argumentiert mit Logik? Fein! Seit dem Buch von Nassim Thaleb »Der Schwarze Schwan« wissen wir, dass weiß nicht weiß und schwarz nicht im Kontrast weiß sein muss. Die Wirklichkeit ist farbig.

Zum Hintergrund: Lange Zeit dachten wir in Europa, dass ein Schwan immer weiß zu sein hätte, bis in Australien schwarze Schwäne entdeckt wurden. Dieses Beispiel entkräftet jede Logik.

Umgehen mit Alphatieren

Sie sitzen in einer Diskussionsrunde oder einer Verhandlung mit einem Alphatier?

Ignorieren Sie diesen Gesprächsteilnehmer besonders, steigen Sie auf seine Aussagen keineswegs ein, sprechen Sie nach seinen Äußerungen ohne Kommentar mit anderen, denn schließlich ist Anerkennung eine Pflanze, die vornehmlich auf Gräbern wächst.

Sein Ego schwillt dann besonders an … und nervt alle anderen oder verleitet ihn zu Zugeständnissen.

Geschichtenerzähler einbremsen

Ihr Gesprächspartner gefällt sich im Storytelling. Prima, dann schafft er keine Fakten, sondern verfällt in die Vergangenheit, auch sprachlich (Perfekt, Imperfekt). Merken Sie es an, holen Sie ihn in das Hier und Jetzt zurück.

Noch mehr Würze bringen Sie ins Spiel, wenn Sie erwähnen, dass geistige Ruheständler gerne von ihrer aktiven Zeit berichten.

Protestieren

Zeigen Sie sich populär, indem Sie den emotionalen Ton des Protestes anschlagen: salopp, frontal, konfrontativ, hemdsärmelig. Ihre Emotionen sprechen für sich.

BEISPIELE

Das ist doch Mist!, … die Brocken hinschmeißen, … Schnauze voll, absoluter Quatsch, kommen Sie zu Potte! Toppen Sie das?

Die Differenzierungstechnik

Zerlegen Sie die Argumentation Ihres Gegenübers durch Differenzierung. Ihre Sprache ist Ihre Klaviatur. Nutzen Sie deren gesamte Bandbreite.

BEISPIELE

»Es sind zwei Aspekte, die Sie ansprechen!«

»Drei überzeugende Gründe sprechen gegen Sie ...«

»Differenzieren Sie bitte!«

»Unterscheiden Sie dabei zwischen kurz-, mittel- und langfristigen Maßnahmen ...«

»Der Wettkönig« – verwirre durch Verwirrung

Erklären Sie Ihren Gesprächspartner zum ungekrönten Wettkönig, wie es der Philosoph Pascal liebte. Betonen Sie, dass seine Argumentation ein durchschaubares Spiel sei, da er seine (beispielsweise) gewollten Transformationen nicht als Wette verstehe, er damit zugleich dagegen wette, dass sie nicht gewollt sein dürfen.

Geistige Verwirrung ist Ihr Lohn! Es sind geistige und verbale Nebelbomben, die der Zuhörer nur begrenzt zuordnet. Sie lösen damit bei ihm Verwirrung und Irritation aus – er glaubt Ihnen jedoch dadurch, dass an Ihrem Vorwurf etwas dran sein muss.

Gegner verspotten

Verspotten Sie Ihren Gegner in seiner Ernsthaftigkeit wie ein Satiriker, der aus dem Hinterhalt angreift.

Ihr Gesprächspartner betont die Grundeinstellungen der Islamisten? Fragen Sie ihn, ob dafür das Gehirn mit einem Schleier belegt sein müsse.

Er erklärt die Unaufschiebbarkeit seines Handelns? Fragen Sie, ob er dennoch ruhig schlafe. Ihr Humor lässt ihn die Geduld verlieren.

Doppelt genäht hält besser

Wiederholen Sie Ihr stärkstes Argument immer wieder. »Argumentum ad nauseam« nennen Philosophen diese Technik. Sie leitete einst den Fall von Karthago ein (»... muss zerstört werden«).

Vor allem aber ist das Wiederholen eine nervige Geduldsprobe für Ihr Gegenüber. Da nur 5 Prozent einer Diskussion wirklich hängenbleiben, schleifen Sie damit Ihr Argument zudem nachhaltig ein. Machen Sie daraus eine Nagelprobe für das Gehirn Ihres Gesprächspartners.

Der Misstrauens-Einwand

Natürlich pocht Ihr Gegenüber auf Verträge, Zusagen und Verabredungen. Bestätigen Sie ihm, dass diese vorliegen, aber gleichzeitig auch die Symbole und der Beweis für Misstrauen sind. Eine wirkliche Kooperation sei dadurch begrenzt, sodass der Beweis erbracht sei, dass Ihr Gegenüber Ihnen nur begrenzt traut.

Fragen Sie ihn, ob er so penibel sei – eine böse Provokation. Sagen Sie ihm, dass jeder zu tätigende und geforderte Beweis zugleich der Beweis für das entgegengebrachte Misstrauen sei – was sehr bedauerlich sei.

Meinung entkräften

Ihr Gegenüber betont: »Das ist nun mal meine Meinung!« Entgegnen Sie, dass es seine Reduzierung der Tatsachen, begrenzt durch seine Vorurteile und Gefühle ist. Sprechen Sie ihn darauf an, verweisen Sie auf Offenheit und das Schlossgespenst, welches keiner gesehen hat, aber jeder zu kennen glaubt.

Beglückwünschen Sie ihn zu dieser Torheit aus persönlichen Schwächen, fatalem Eigensinn und einseitigen Medienmeldungen. Böse ist es, wenn Sie damit seine Weltfremdheit offenlegen. Bestätigen Sie ihm, dass in der jetzigen Zeit die Zeitgenossen, die meinen, es gäbe das Ungeheuer von Loch Ness langsam, aber sicher aussterben. Weisen Sie darauf hin, dass eine »Meinung« respektiert sei, aber nur der »Fakt« zähle.

Fakten, Fakten, Fakten!

Küren Sie Ihr Gegenüber zum Regierungssprecher, der die Leere seiner Gedanken in kunstvolle Prosa kleidet – und Fakten vermeidet. Ahnden Sie alle seine Floskeln und Phrasen, beispielsweise Handlungsbedarf, mächtige Herausforderungen, Impulse geben, Zeichen setzen wollen, in die Verantwortung nehmen, auf den Prüfstand stellen, um uns nach vorne zu bringen ...

Seien Sie der Wortwart des Gespräches. Bestehen Sie auf Fakten, Fakten, Fakten!

Friendly Fire

In Ihrer Diskussionsrunde bildet sich eine Front gegen Sie. Sprengen Sie diese einfach, indem Sie einem der Diskussionspartner unterstellen, er betreibe das, was im Vietnamkrieg »Friendly Fire« gewesen sei, nämlich Beschuss der eigenen Leute.

Dieser Keim des gestreuten Misstrauens geht garantiert auf und emotionalisiert alle auf der Gegenseite.

Street Credibility

Streichen Sie Ihr Image als Kind von der Straße heraus, das dem Gegner – mit dem Goldenen Löffel geboren und behütet – von der anderen Seite des Lebens erzählt, von den Tücken und Härten des Sich-Durchbeißens.

Mit dieser Technik der Street Credibility erschließen Sie sich die Sympathie der Zuhörer und anderer Diskussionsteilnehmer, denn letztlich ist in unserer Wahrnehmung nicht derjenige »arm«, der wenig hat, sondern derjenige, der nicht genug bekommen kann.

Weg mit der falschen Höflichkeit!

Verzichten Sie auf die Rolle von Everybody`s Darling. Lächeln Sie gerne einmal bei der Begrüßung. Stellen Sie dann jedoch diese Attitüde professionell ein.

Respekt zollen wir denen, die abgeklärt und distanziert auftreten. Überlassen Sie lächerliche Kumpelhaftigkeit Ihrem Gesprächspartner.

Doch Vorsicht: Rüpelhaftigkeit ist ebenfalls das falsche Muster. Balancieren Sie zwischen Höflichkeit und Konsequenz. Falsche Höflichkeit ist out!

Selbstbestätigung

Verzichten Sie auf umständliche Erklärungen und lassen Sie das Evidente, also Tatsachen für sich sprechen. Der Kunstgriff der Affirmation, der Bestätigung, ist eine verbale Wunderwaffe.

Stellen Sie dazu Ihre Argumente in den Raum und bestätigen Sie diese selbst: »Logisch!«, »Liegt auf der Hand!«, »Leuchtet ein!«, »Let's face it!«, »Das ist der Fakt!« – diese emotionalen Anker wirken stärker als alle umständlichen Erklärungen.

Die Überhöhungs-Methode

Stellt Ihr Gesprächspartner bessere Argumente und überzeugendere Punkte in den Raum? Dann greift die Argumentation der Überhöhung. Dafür betonen Sie beispielsweise, dass die Zukunft seine Argumente widerlegt oder er (volkstümlich) die Rechnung ohne den Wirt macht.

Oder argumentieren Sie mit Nietzsche und bezeichnen Sie die Punkte als »menschlich, allzu menschlich«, aber letztlich als realitätsfern ... und als geäußertes Wunschdenken!

Beweise verlangen

Verlangen Sie Beweise. Fordern Sie Beispiele ein – und zerpflücken Sie diese. Fordern Sie Zahlen, Daten und Fakten ein – und überfordern Sie damit Ihren Gesprächspartner. Fordern Sie dann Quellen an – und bezweifeln Sie deren Aussagekraft und Allgemeingültigkeit. Stellen Sie dazu noch die Autoren und deren Glaubwürdigkeit infrage, indem Sie argumentieren, dass es Außenseiter seien, die eine Mindermeinung vertreten. Die Antwort Ihres Gegenübers? Rechtfertigung!

Auf dem Boden der Tatsachen

Machen Sie die Theorie-Praxis-Argumentation zu Ihrem ständigen Wegbegleiter. Ihre Gesprächspartner schweben hoch oben auf dem Olymp ihres Wissens? Holen Sie sie auf den Boden der Tatsachen.

BEISPIELE

Ein Gewerkschaftler setzte den renommierten Chefanalysten einer Großbank schachmatt, indem er ihn fragte, was denn ein Pfund Kaffee bei ALDI kosten würde, als dieser über Volkswirtschaft belehrte.

Ein akademischer Würdenträger erfuhr sein verbales Aus, als ihm sein Gegenüber unterstellte, seit 30 Jahren keine Fabrik von innen zu kennen.

Suchen Sie die akademische oder bodenständige Schwachstelle Ihres Gegenübers und stellen Sie diese in den Fokus!

Wenn der Körper lügen soll …

Wer heute in Manager-Konferenzen sitzt, der fühlt sich als Beobachter häufig an Bertolt Brecht erinnert, in dessen Stücken das Publikum mit einer realitätsfremden Perspektive konfrontiert und letztlich i(de)n(ti)fiziert wird. Mehr oder minder strategisch und taktisch inszenieren wir im Berufsalltag wie im Privatleben Vorstellungen, damit Geschäftspartner oder Kollegen von eigenen echten oder vielfach auch vorgetäuschten Qualifikationen, Kompetenzen oder Fähigkeiten überzeugt werden. Doch hier handelt es sich nicht etwa um angeborenes Mimikry, sondern um ein Informationsspiel, einen omnipotenten Kreislauf von subtiler Verheimlichung, einfacher Aufdeckung oder Decodierung, falscher oder zu schwacher Enthüllung und spielerischer Wiederentdeckung.

Unmoralisch oder verwerflich? Ein solches Urteil greift zu kurz, wenn wir mit dem amerikanischen Soziologen Robert E. Park dem Wort »Person« die ursprüngliche Bedeutung »Maske« zusprechen: »… unser wahres Selbst: das Selbst, das wir sein möchten. Schließlich wird die Vorstellung unserer Rolle zu unserer zweiten Natur und zu einem integralen Teil unserer Persönlichkeit. Wir kommen als Individuen zur Welt, bauen einen Charakter auf und werden Personen.« (Sommer, S. 133).

In firmeninternen Aufbauseminaren habe ich dazu eine Art Experiment durchgeführt. Einige Teilnehmer hatten die Aufgabe, gezielt »Unwahrheiten« in einen Vortrag einzubauen, die wiederum von den anderen Teilnehmern zu entschlüsseln waren.

Vor der Übung erklärten fast alle Beteiligten, dass Anzeichen einer Lüge durch aufgegebenen Blickkontakt, reduzierte oder unpassende »ritualisierte« Körpersprache und durch zögerliches Sprechtempo und der Suche nach der richtigen Umschreibung entschlüsselt werden könnten. Doch das stellte sich als Trugschluss heraus. Das Gegenteil war der Fall. Die Täuschenden hatten sich die eingebauten Lügen bereits intensiv in der Vortragsvorbereitung ausgemalt. Videoaufzeichnungen der wichtigen Passagen dokumentierten, dass die Körpersprache dabei ausladender, die Gestik gezielter und sprachliche Ausführungen genauer und präziser waren als in den Redesequenzen, die unüberlegt oder nur in Stichworten vorbereitet gewesen waren. Auch der Blickkontakt wurde länger und bewusster eingesetzt.

Bedrohliche Situationen, in denen wir der Wahrheit oder dem Anspruch an uns selbst nicht genügen, kompensieren wir durch unterbewussten oder selbsttäuschenden Realitätsverlust, also durch Täuschung, Lüge oder Selbstbetrug. Lügen ohne rot zu werden ist ein wesentlicher Aspekt unserer Kommunikation, auch wenn wir das damit verbundene Instrumentarium am liebsten als unmoralisch ausklammern – und häufig nur bei anderen mit dieser Abwertung belegen, nicht dagegen bei uns selbst. Jeder hat eine ausgeprägte Interessensrhetorik, wenn er im Kommunikationsroulette der Alltagssituation gezwungen ist, sich zu beweisen.

Wissenschaftlich ist längst bewiesen, dass die Haut mehr weiß als das Gehirn, ein Prinzip, nach dem heute Lügendetektoren arbeiten. Doch Sprache in ihrer verbalen, nonverbalen und paraverbalen Ausprägung verkleidet den Gedanken, und wer heute intensiver in die Macht und Magie der Kommunikation einsteigen will, der sollte Schluss damit machen, sich einfach beim Thema Körpersprache auf die repräsentative Körpersprache festzulegen. Auf jene, wo Gestik, Mimik und Haltung beispielsweise auf bestimmte Aussagen festgelegt sind. Uns muss die interpretative Körpersprache interessieren, also jene, bei der Interpretationen in einen weiteren geistigen Horizont gestellt werden. Das erschüttert unser Selbstverständnis? Genau, denn der Bruch führt uns hinaus aus dem Friedhof toter Ideen tradierter Kommunikation (mehr zum Thema in Sommer, 1992).

Übung: Körpersprache

Suchen Sie sich einen Partner und binden Sie sich gegenseitig einmal einen Bären auf. Dokumentieren Sie dieses mit Video und analysieren Sie das Geschehene. Es schärft die Wahrnehmung ungemein.

Die Schattenseiten der Kommunikationsregeln

»Wer fragt führt«, »Andere ausreden lassen« – jeder von uns kennt Kommunikationsregeln wie diese und hat sie mehr oder minder verinnerlicht. Und sie haben durchaus auch ihre Berechtigung. Allerdings gibt es auch Situationen, in denen sie nicht funktionieren und uns deshalb sprachlos machen. Welche das sind und wie Sie dann agieren sollten, erfahren Sie im folgenden Kapitel.

Keine Regel ohne Ausnahme

In allen Kommunikationstrainings bekommen die Teilnehmer »Goldene Regeln« an die Hand, die ihnen den Weg durch den Kommunikations-Dschungel weisen sollen. Diese Regeln jedoch gleichen »Heiligen Kühen«, die verehrt werden, zugleich jedoch auch einer Entmythologisierung, einer Entzauberung bedürfen.

Zumindest ist es angebracht, diese kritisch auf den Aussagegehalt und ihre möglichen Schattenseiten zu prüfen. In den folgenden Abschnitten erfahren Sie, bei welchen Regeln Sie besondere Vorsicht walten lassen sollten.

Regel Nr. 1: Es gibt faire und unfaire Gesprächsführungstechniken

Mit dieser Goldenen Regel ist ausgesagt, dass es einerseits Techniken in der Gesprächsführung gibt, die dazu dienen, den Dialogpartner ins Boot zu holen, und andererseits solche, die ihn von der Bootskante schubsen.

So wird beispielsweise das Arbeiten mit Suggestionen oder Unterstellungen in diesem Kontext häufig als unfair deklariert. Doch diese Unterscheidung ist nachhaltig falsch! Denn die Methode ist zunächst einmal wertneutral. Ob sie sich aber in ihrer Anwendung als faires oder unfaires Mittel erweist, liegt in der Absicht, der Intention des Anwenders.

Aktive Gesprächsführung ist zugleich immer eine Gratwanderung, nämlich »die Kunst sich in den Haaren zu liegen, ohne die Frisur zu zerstören« (Gerhard Bronner) oder das »Foul so versteckt zu machen, dass der Schiedsrichter es nicht sieht« (Dieter Hildebrandt).

Es liegt in Ihrer Hand. Sie entscheiden. Fair oder unfair ist die Frage Ihrer Intention.

Profi-Tipps zur fairen Gesprächsführung

- Es lohnt sich immer, in Gesprächen fair zu sein und auch zu bleiben, zumal uns Menschen häufig mehrmals über den Weg laufen.
- Ebenso lohnend ist es aber auch, die Möglichkeiten der Unfairness zu kennen, damit Sie diese Stolpersteine in wichtigen Gesprächen und Verhandlungen souverän aus dem Weg räumen und den Tretminen der Sprachlosigkeit entgehen können.
- Unfaire Techniken sind gang und gäbe. Mit ihnen müssen Sie konsequent umgehen lernen. Einem netten Gesprächspartner, der Sie im sokratischen Sinne wie eine Hebamme zu Worte bringt, sind Sie immer gewachsen. Doch wie sieht es mit den anderen aus?
- Ihr Verhalten beeinflusst Ihren Dialogpartner. Denken Sie daran.

- Überall wird die aktive Gesprächsführung in den Himmel gehoben, doch auch sie hat durch Ihre Zielorientierung einen steuernden Impetus. Die Grenze zu Manipulation ist und bleibt Ihre Intention.

Regel Nr. 2: Lassen Sie Ihren Gesprächspartner ausreden

Diese Goldene Regel wird uns schon in der frühen Kindheit eingetrichtert. Andere ausreden zu lassen, ist ein Gebot der Höflichkeit. Doch diese wiederum ist eine Zier, und weiter kommt man ohne ihr.

Es gibt Situationen, in denen Ihr Dialogpartner negative Aussagen über Sie trifft oder Falschaussagen in den Raum stellt. In solchen und vergleichbar brenzligen Situationen müssen Sie die Goldene Regel außer Kraft setzen. Unterbrechen Sie überall dort, wo sich vielleicht kleine, aber feine Falschheiten in das Gespräch einschleichen können. Korrigieren Sie höflich, aber konsequent. Und bitte kurz.

In Talkrunden beispielsweise oder auf dem Podium sollten Sie direkt reagieren – und wenn nicht mit Worten, dann doch mit negierendem Kopfschütteln oder Gesten. Warum? Ganz klar: Wenn Sie nicht gleich handeln, steht die Negativaussage des anderen danach im Raum und Sie müssten auf diese verspätet reagieren, anderseits schaut sich jemand aus dem Publikum oder ein weiterer Beteiligter vielleicht ganz genau an, wie Sie reagieren. Und Nicht-Reaktion bedeutet: akzeptiert!

Für alle anderen Situationen gilt die Goldene Regel natürlich weiterhin. Dort hat sie auch ihre Berechtigung, denn das Ausredenlassen erhöht die Chance, andere wirklich zu verstehen. Dies impliziert jedoch, genau, richtig und analytisch zuzuhören. Genau heißt, die Worte, die gesagt werden, aufzunehmen. Richtig heißt, Signale des Zuhörens (beispielsweise ein Nicken) zu senden. Analytisch bedeutet, die tiefere Intention in den Aussagen zu erfassen, gleichsam zwischen den Worten zu hören. Gutes Zuhören ist eine Kunst.

Profi-Tipps zum Ausredenlassen

- Die Höflichkeit gebietet es, dem Gesprächspartner die Chance zu geben, seine Argumente vollständig darzulegen. Hier heißt es für Sie, genau, richtig und analytisch zuzuhören.
- Bei Unterstellungen oder entscheidenden Falschaussagen ist Höflichkeit fehl am Platze. Dann ist es erforderlich, kurz und knapp eine klare Position zu beziehen. Sie stärken Ihr Standing, wenn Sie in solchen Fällen mit knappen, aber prägnanten Dementis reagieren. Sagen Sie »Falsch!«, oder drücken Sie Ihre Ablehnung mittels Gesten aus. Denn hinterher fehlt in den meisten Fällen die Zeit, die Dinge richtig zu stellen – oder es bleibt nur eine Rechtfertigung. Beides unterstützt aber nicht Ihre Position, sondern fördert Ihre Sprachlosigkeit.

Regel Nr. 3: Der erste Eindruck entscheidet, der letzte bleibt

Richtig, der erste Eindruck, den wir Menschen in einer Situation gewinnen, prägt unsere Wahrnehmungsraster. Innerhalb von 2 Sekunden schätzen wir unter anderem basierend auf unseren Erfahrungen aus der Vergangenheit Menschen ein, kategorisieren diese und stecken sie zugleich in Schubladen. Tom Peters formulierte es folgendermaßen: »Es gibt keine zweite Chance für den ersten Eindruck.«

Auch bei Vorträgen oder Reden gilt dergleichen. Doch gerade den Einstieg verpatzen viele Redner, weil sie davon ausgehen, ihn in der Situation selbst schon irgendwie zu finden. Das gelingt wegen der Nervosität und des Lampenfiebers aber dann meist nicht. Die Nervosität begleitet den Präsentator primär am Anfang, er muss mit der Umgebung und dem Publikum warm werden, Kontakt schaffen, emotionalen Zugang finden.

Deshalb muss der Einstieg bei Gesprächen oder Vorträgen besonders gut vorbereitet werden. Und nicht nur das. Nicht nur die ersten Zeilen sind entscheidend für einen ersten guten Eindruck. Dieser setzt viel früher an, nämlich bereits beim Gang zur Bühne oder zum Rednerpult. Reden wir nicht über jene, die aufstehen, sich in männlicher Manier die Hose hochziehen, das Jackett zuknöpfen und dann beim Mikrofon erst einmal fragen, ob die Zuhörer sie denn auch gut verstehen können.

Und der Ausstieg? Findet sich, glauben doch noch immer die meisten Redner. Und wenn gar nichts mehr läuft, dann hilft ja auch noch das »Danke«, um dem Publikum zu signalisieren, dass man nun am Ende ist. Sie ahnen es schon: Das reicht natürlich nicht.

Profi-Tipps für den Einstieg und Ausstieg bei Reden, Vorträgen oder Präsentationen

- Hilfreich ist es, eine Situation bereits vor Ort einmal vor dem geistigen Auge ablaufen zu lassen und sie durchzuspielen. So stellen Sie sicher, dass Sie bereits die vielen Kleinigkeiten im Blick haben, die Ihre persönliche Facette des ersten Eindrucks auf Ihr jeweiliges Publikum ausmachen. Stellen Sie sich die Situation wie einen Film vor: »Hier sitze ich, ich stehe auf, nehme bewusst Blickkontakt zu folgenden Personen auf, bewege ich mich langsam und souverän zum Podium, ...«. Am besten Sie machen das von dem Platz aus, auf dem Sie während der Veranstaltung später sitzen werden.
- Einstiege geraten für das Publikum schnell zum Ausstieg, wenn der Vortragende glaubt, ihm fallen die ersten Sätze schon ein, deshalb: Bereiten Sie Ihre verbale Sicherheitsleine für den Einstieg genau vor. Formulieren Sie dazu die ersten fünf Sätze genau, schleifen Sie sie nach. Und denken Sie daran, dass Schriftsprache nicht Sprechsprache ist. Tragen Sie deshalb in der Vorbereitungszeit die Sätze laut und deutlich

vor – am besten vor einem Testpublikum. Oder zeichnen Sie Ihre Übungen auf und schauen sie sich hinterher kritisch an.

- Jeder Einstieg beginnt auf der Bühne mit einem klassischen Dreischritt.

Der Einstiegsdreischritt

1. Motivieren Sie sich zu einem Lächeln. Hier gilt L.M.A.A. – lächle mehr als andere! Allerdings bitte bloß kein stupides Dauergrinsen ...
2. Atmen Sie mehrfach durch. Bitte nur nicht röhren, wenn Sie ein Ansteckmikro haben!
3. Positionieren Sie sich und nehmen Sie zuerst einmal konsequent zu Menschen, am besten Schlüsselpersonen, im Raum Blickkontakt auf. Suchen Sie sich dazu jedoch gezielt nur positiv schauende Personen aus.

- Legen Sie sich einen Positiv-Einstieg zurecht, der über die ersten fünf Sätze hinausgeht. Hier bieten sich Sprachbilder an oder eindrucksvolle Fakten, überzeugende Bilder, ein Brückenschlag zu gemeinsamen und verbindenden Erfahrungen, die Verknüpfung von Person und Thema, doppeldeutige und provokante Fragen etc. Doch denken Sie daran: Ihr Publikum hat nur eine Frage, bei der Sie anknüpfen müssen: »Was geht das mich an?«

> Verzichten Sie auf rhetorische Fragen – denn es gibt immer Zeitgenossen, die rhetorische Fragen anders beantworten, als Sie möchten, und futsch ist der erste Eindruck!

- Beenden Sie bisher Ihre Reden und Vorträge mit »Danke!« oder »Herzlichen Dank für Ihre Aufmerksamkeit!«? Streichen Sie künftig diese konventionellen Floskeln. Ersetzen Sie Ihr

Schlusswort durch einen gezielten Appell, der Ihre Kernbotschaft zu einer Handlungsaufforderung an das Publikum wandelt. Ein Beispiel: »Wir sind am Wendepunkt angelangt. Gestalten Sie diese Wende aktiv mit!« Das verschiebt den geistigen Fokus von Ihnen auf Ihr Publikum.

- Nehmen Sie nach Ihrem Appell bei einsetzendem Applaus für einige Sekunden nochmals intensiven Blickkontakt auf, packen Sie Ihr Manuskript oder Ihre Visualisierungsmedien zusammen und verlassen Sie erst dann das Podium. Alles andere wäre Flucht vor dem Beifall. Wehren Sie Applaus niemals ab, weder durch Worte noch durch Gesten.

Regeln Nr. 4 und 5: Wer fragt, der führt – und: Dumme Fragen gibt es nicht

»Wer fragt, der führt!«, so plakativ formuliert wird eine tradierte heilige Kuh der Dialektik, der Kunst der Gesprächsführung. Schlachten wir auch diese.

Fragen sollen Informationen abrufen, das Gespräch vertiefen, motivieren oder das Gespräch von der sachlichen auf die emotionale Ebene transportieren. Sie dienen dazu, Erklärungen zu verlangen, drängen in die Rechtfertigung, animieren oder suggerieren, faktizieren oder konterkarieren Aussagen des Gegenübers.

In vielen mäßigen Seminaren wird den Teilnehmern beigebracht, in Drucksituationen zur Fragetechnik-Krücke als »Königin der Dialektik« zu greifen, um die Gesprächsführung wieder in den Griff zu bekommen. Nutzen tut sie jedoch wenig, wenn sie indifferent und unreflektiert in verbalen Auseinandersetzungen eingesetzt wird. Wer heute ein Kommunikationstraining absolviert, der erfährt sehr schnell die Macht der Fragen, nichts jedoch über die Ohnmacht des Erfragens.

Welche Folgen der unreflektierte Einsatz von Fragen haben kann, lässt sich kurz an folgendem Beispiel demonstrieren.

BEISPIEL

Der Vorsitzende der Geschäftsführung in einem mittelständischen Unternehmen will gerade seinen Füllfederhalter zücken, um den abschlussbereiten Vertrag, der vor ihm liegt, zu unterschreiben, als der Berater in die Ruhe hinein die bemerkenswert dumme Absch(l)ussfrage stellt: »Ich bin überzeugt, dass jetzt Ihrerseits auch keine weiteren Fragen mehr offen sind, oder etwa doch?«. Der Geschäftsführer schaut hoch – und schraubt seinen Stift wieder zu. Eine dumme Frage führt hier also zwangsläufig doch noch zu weiteren Vertiefungen, an dessen Schluss der Vertrag offenbleibt.

> Wer heute eine Frage stellt, der sollte die Richtung der Antwort vorausahnen oder sogar die Antwortmöglichkeiten durchspielen.

Wer an unpassender Stelle bzw. dumm fragt, führt ... unbewusst und sicher ungewollt zur folgenschweren Irritation seines Gesprächspartners oder Publikums. Das ist egal, wenn es um nichts geht, jedoch schade, wenn er damit das Gesprächsziel torpediert.

Ein weiterer Fehlschluss ist der, dass clevere Gegenfragen in kommunikativ-angespannten Drucksituationen von eben diesem Rechtfertigungs- oder Erklärungsdruck wieder entlasten können oder uns eine Atempause verschaffen. Das folgende Beispiel zeigt, wie fatal diese Annahme sein kann.

Ein Verkaufsexperte reagiert in der Diskussionsrunde zu seiner Wettbewerbspräsentation auf die Aussage, dass sein Ansatz nicht so recht überzeuge, mit einer typischen Gegenfrage: »Warum denn nicht?«. Er hat in Verkaufsschulungen gelernt, dass es keine dummen Fragen gibt und dass Fragen führen bedeutet. Doch er erlebt eine Überraschung, nämlich im Anschluss an seine Frage eine volle Breitseite durch den Kunden, der nun lang und breit seine Argumente darlegt: »Und zwar, weil: 1. ..., 2. ..., 3. ..., 4. ...«. Diese Minuspunkte kann der Verkäufer wiederum gar nicht mehr aufarbeiten, weil dafür in der Diskussion die Zeit fehlen würde. Nachgedacht statt nachgefragt hätte ihn von der Antwort befreien können, doch dann stand sie im Raum. Und da tat sie ihm weh. Dumm gelaufen – für sein Produkt, für ihn, für sein Unternehmen, für die Präsentation.

Der Psychiater Aron R. Bodenheimer bezeichnet diese Schattenseite des Fragens als Obszönität. Er führt als Begründung dazu aus: »... und zwar deshalb, weil eine Erfahrung von dreißig Jahren gemeinsamen Redens und Schweigens mir gezeigt hat, dass ich besser helfen konnte, seit ich zu fragen aufgehört und zu sagen begonnen habe« (vgl. dazu mein Buch »Provokative Rhetorik? Schlagfertigkeit!«, 4. Auflage).

»Wer aussagt, der führt!« ist also die Kehrseite der Fragetechnik, und nur in der Ambivalenz des Fragens und Antwortens liegt der richtige Ansatz. Doch auch die Kernaussage von Bodenheimer und unsere resultierende Ambivalenz des Wechselspiels von Fragen und Aussagen ist nur mittels der Frage »In welcher Situation?« sauber zu justieren.

Die Lösung lautet also nicht: nie wieder fragen. Vielmehr geht es darum, nie wieder an der falschen Stelle mit der falschen Frage zu operieren. Bei Unterstellungen oder auch bei Abfragen ist eine (Gegen-)Frage für den weiteren Gesprächsverlauf kontraproduktiv. Fragen vertiefen den kritischen Punkt eines Gesprächs, ohne es zu entzerren. Wir sammeln damit zusätzliche Minuspunkte, wenn die negative Richtung bereits anvisiert ist.

Es ist nichts dagegen einzuwenden, Allgemeines zu spezifizieren. Doch leider führen wir mit Fragen, die diese Richtung verfolgen, den Gesprächspartner in eine Offensive und positionieren uns schlecht. Wir lavieren uns damit in eine Ecke, in der wir uns dann nur noch verteidigen oder rechtfertigen. Und gerade dieses gilt es doch in Drucksituationen zu vermeiden. Sie sehen, Stress macht man sich heute häufig selber.

Wer fragt, führt also nicht immer – und es gibt auch dumme Fragen.

Sie fragen sich nun vielleicht: Wann also soll ich fragen? Natürlich nicht nur dann, wenn Sie die Antwort bereits kennen. Sie fragen richtig, wenn

- Sie blitzschnell die möglichen Antwortfacetten einkalkuliert haben,
- Sie vorausahnen können, wohin mittels der Fragetechnik das Gespräch driften wird.

Ihre Ausgangslage, Ihre Position im Gespräch muss sich mittels einer Frage nachhaltig bessern. Sie darf sich unter keinen Umständen verschlechtern. Fragezeichen sind und bleiben also Zeichen Ihrer kommunikativen Intelligenz.

Vom Grundsatz gilt: Wer weiß, dass seine Gegenfrage die Minuspunkte im Gespräch, Vorwürfe, Rechtfertigungen und Vorurteile zementiert, die Kritik an Thesen oder Behauptungen, Fakten oder Daten mit hoher Wahrscheinlichkeit verschärft, meidet deshalb aus Kompetenz- und Selbsterhaltungsgründen diese Schattenseite und positioniert sich stattdessen wohlüberlegt mit einer Aussage im Gespräch.

Doch auch dieses will gelernt sein. Es gibt richtige Fragen, die richtig gestellt werden, und richtige Aussagen, die richtig platziert werden. Dazu gehören als Kehrseite der Fragemedaille bewertende Aussagen. Also Aussagen, die mit einem persönlichen Werturteil verknüpft sind.

Im Fall unseres Beraterbeispiels könnte die Aussage suggestiv lauten: »Schön, dann sind alle Fragen ausgiebig geklärt. Hier müssen Sie Ihre Unterschrift leisten!«, oder im Fall unseres Verkaufsprofis beispielsweise: »(lachend) Nein, das erscheint Ihnen vielleicht auf den ersten Blick so, aber ... (bewertende Aussage, die das Thema positiv aufgreift und vertieft)«.

> Auch wenn sie einen wertvollen Beitrag in der Kommunikation leisten, sind Fragen keineswegs Patentrezepte.

Die richtigen Fragen richtig gestellt sind und bleiben geeignete Techniken und ein hervorragendes Instrumentarium der aktiven Gesprächsführung. Weiterführen im dialektischen Sinn tun sie jedoch nur dort, wo sie informationsbedingte Wissensdefizite auf der reinen Sachebene ausgleichen. Kaum hilfreich erweist sich dieses Führungsinstrumentarium, um in einer schwierigen und konfliktären Situation oder bei einer wichtigen Verhandlung Gesprächsdruck abzuwenden. Fatal sind Abfragen, die darauf zielen, den Gesprächspartner vorzuführen und das eigene Wissen auszuspielen.

In meinen Seminaren nenne ich für die letzte Kategorie immer folgende Beispiele: »Wie hieß der letzte Ureinwohner Tasmaniens?« »Wann ist er gestorben?«, »Wo liegt Tasmanien?«, »Wie groß ist Australien flächenmäßig?«. Dies sind reine Abfragen, die natürlich direkt Widerstand provozieren und Druck beim Antwortenden aufbauen. Es sei denn natürlich, er kennt die Antwort.

Übung: Fragen bewerten

Bewerten Sie einmal konsequent einen Tag lang alle Ihnen oder von Ihnen gestellten Fragen.

Übung: Fragen bewerten

- Welche davon bringen Sie wirklich weiter? Welche erweisen sich hilfreich?
- Welcher Art sind die Fragen?
- Mit welcher Intention wurden die Fragen jeweils gestellt und was haben Sie bzw. der Fragende damit erreicht?

In den unterschiedlichen Seminaren zu Kommunikation, Verkauf, Führung oder Projektmanagement, Workshops oder auch in meinen Fernsehtrainings hat sich gezeigt, dass die Teilnehmer instinktiv aus dem Bauch heraus ihre Fragen steuern, aber kaum wissen, wann welche Frage weiterhilft. Daher hier ein paar Tipps zur Fragetechnik.

Profi-Tipps zur Fragetechnik

- Sie wollen eine Eingrenzung in der Antwortmöglichkeit erreichen? Dann stellen Sie eine Frage, die Alternativen enthält. Beispiel: »Möchten Sie Tee oder Kaffee?« Damit beschränken Sie die Wahlmöglichkeiten auf die von Ihnen präferierten.
- Sie wollen das Gespräch von der Sachebene auf eine emotionale Ebene heben, also emotionalisieren? Dann stellen Sie eine psychologisierende Frage: »Wie haben Sie das erlebt?« Damit sprechen Sie gezielt Gefühle an und beziehen die Befindlichkeiten Ihres Gegenübers mit ein.
- Sie wollen ein Gespräch enger fassen und eventuell eine Klärung herbeiführen oder Gesprächsdruck aufbauen? Dann bietet sich die Definitionsfrage an: »Was verstehen Sie genau

unter Projektmanagement?« Dadurch klären Sie den Horizont in einer kontrovers betrachteten Thematik. Doch Vorsicht: Die Frage erzeugt extremen Druck, falls Sie eine Kategorie vorgeben und dann eine Abfrage gestalten: »Projektmanagement ist ja nach DIN 9000 festgeschrieben. Wie definieren Sie es?« Der Gesprächspartner wird in fast allen Fällen eine Erklärung, aber keine Definition liefern.

- Kennen Sie den Unterschied zwischen einer Interpretations- und einer Verständnisfrage? Die Interpretationsfrage ist eine geschlossene Frage: »Das heißt also, wir machen den Vertrag?« Ihr Gegenüber hat dann nur die Antwortmöglichkeiten Ja oder Nein. Die Verständnisfrage gibt den Ball an den Gesprächspartner ab: »Was heißt das in Bezug auf unseren Vertrag?« Je nach Frageart öffnen Sie das Gespräch oder engen es ein bzw. ziehen den Dialog an sich oder geben die Führung an den anderen ab.
- Gesprächsdruck forcieren Sie mittels einer Plattformfrage. Dabei platzieren Sie anfangs eine Aussage, erst dann kommt die Frage: »Kommunikation ist ja nicht Ihr Thema. Kochen Sie gerne?« Der Antwortende wird zu 99 Prozent erst einmal auf die Frage eingehen. Somit steht aber die Unterstellung noch im Raum. Die Unterstellung kippen Sie als Antwortender nur, wenn Sie zuerst auf diese eingehen, sie als »falsch« bewerten und dann – wenn noch gewünscht – auf die Frage antworten. Doch dieses ist nur eine typische Frage mit negativer Intention, Sie haben natürlich auch die Möglichkeit, stattdessen eine positive Aussage zu lancieren.

- Hier noch eine weitere Plattformfrage, die vor allem in provokativen Interviews immer wieder so ähnlich vorkommt. Der interviewende Journalist fragt (mit unfairer Intention) seinen Gesprächspartner: »Sie hatten ja damals keine andere Wahl, als Minister zu werden, nachdem Sie als Unternehmer versagt hatten – übrigens: Was verdienen Sie denn als Umweltminister?« Dieses einfache Frage-Antwort-Muster ist durchschaubar, doch wer auf die Frage einsteigt, lässt die Unterstellung zu. Sie beim nächsten Mal sicherlich nicht mehr!

- Prüfen Sie deshalb in kritischen Gesprächssituationen, ob Ihr Dialogpartner in seinen Fragen Unterstellungen, Unwahrheiten oder Beleidigungen »unterbringt«. Tut er dieses, so entkräften Sie grundsätzlich zuerst die Aussage. Überlegen Sie erst dann, ob die Frage überhaupt noch eine Antwort verdient.

- Wie gehen Sie mit Blockaden bei einem Gesprächspartner um? Was tun Sie, wenn Sie mit Ihrem Gegenüber ein Thema diskutieren wollen, zu dem er einfach den Dialog verweigert? Am besten heben Sie diese Blockade durch eine Szenariofrage auf. Damit umgehen Sie elegant die Schwelle der Blockade.

- Ein Beispiel: Als überzeugter Mercedes-Fan disputieren Sie mit einem BMW-Fahrer, der nun vehement zementiert: »Mercedes? Ich niemals!« Jede Frage nach dem Warum führt nur zu einer negativen Verankerung. Ihr Partner steigert sich dann in seine Abneigung hinein, nennt massenhaft Negativgründe. Überschreiten Sie die Schwelle (»Mercedes?«) lieber geschickt mithilfe einer Szenariofrage: »Stellen Sie sich vor, Sie fahren Mercedes, wäre es die A-Klasse oder doch die gehobene E-Klasse?« Vielleicht lenken Sie Ihr Gegenüber mit zusätzlichen Beschreibungen in die richtige Richtung. Sie haben sicherlich bemerkt, dass bei der E-Klasse eine zusätzliche Bewertung eingeflochten war: »gehobene«. Vielleicht nutzen Sie obendrein die Möglichkeit, Ihrem Gegenüber die Alternativen bildhaft mittels Gesten vor Augen zu führen.

- Szenariofragen sind zudem klassische Ausgangsfragen in der Moderation oder bei firmeninternen Workshops. Nominieren Sie damit beispielsweise einen Mitarbeiter zum Berater Ihres Unternehmens: »Stellen Sie sich vor, Sie wären bei Bain & Company, was würden Sie besser machen in Bezug auf die Verwaltung?«

Reflexionsübung zu Fragetechniken

Sie können diese Übung in Gruppen oder mit einem Partner machen. Sie bietet sich an, um sich die Wirkung unterschiedlicher Fragetypen deutlich zu machen. Es ist hilfreich, wenn Sie vorher die Vor- bzw. Nachteile von Fragen diskutiert, die unterschiedlichen Fragetechniken auf entsprechend viele Flipcharts aufgeschrieben und diese eventuell in einer Plus-Minus-Liste bewertet haben.

Sie haben nun die Aufgabe, jeweils ca. 10 Minuten ein Gespräch über ein vorgegebenes Thema zu führen und jeweils rotierend die Fragetechniken einzusetzen. Bitte unterbrechen Sie sich sofort, wenn Ihr Gesprächspartner die Tragweite oder Unterstellung in einer Frage nicht erkannt hat oder im Anschluss daran eine einfache weiterbringende Frage hätte stellen können. Natürlich ist das immer ein subjektiver Eindruck, aber hier geht es um die Reflexion angewendeter Fragetechnik.

Reflexionsübung zu Fragetechniken

Ein Beispiel:

- Teilnehmer 1 stellt eine Alternativfrage: »Wie sind Sie angereist, Herr Meier, mit dem Zug oder dem Auto?«
- Teilnehmer 2 antwortet mit einer Plattformfrage: »Mit dem Auto. Da Sie aber aus Prinzip keines besitzen, stellt sich die Frage, ob sich jemand gefunden hat, der Sie mitgenommen hat. Oder sind Sie wieder per Taxi hier?«
- Der Teilnehmer 3 zerpflückt nun die Plattformfrage und stellt im Anschluss die nächste Frage.

Diese Übung zeigt sehr gut auf, dass die Teilnehmer häufig zwar die Fragetypen durchaus kennen, allerdings kaum in der Lage sind, spontan deren Tragweite und Grenzen zu erfassen.

Falls Sie Lust auf mehr rund um das Thema Fragetechnik haben, so bietet Ihnen die volle Bandbreite, das ganze Kaleidoskop von Fragen mein Buch »Provokative Rhetorik? Schlagfertigkeit!« (S. 165 ff.).

Regel Nr. 6: Blickkontakt halten

Blickkontakt ist das A und O erfolgreicher Kommunikation. Mittels Blickkontakt signalisieren Sie Aufrichtigkeit und Standvermögen in kritischen Situationen. Indem Sie Ihren Gesprächspartner im Blick behalten, kontrollieren Sie ihn. All dies ist unstreitig.

Allerdings gibt es ein großes Aber. Der Blickkontakt muss wohldosiert sein, ansonsten mündet er in einen »blickkontaktuellen« Machtkampf, den Sie mit diesem Dominanzgebaren heraufbeschwören. Das erzeugt in einem Gespräch eine unangenehme Atmosphäre, ebenso als wenn Sie Blickkontakt komplett vermeiden. Es signalisiert Unsicherheit.

Einer Situation sollten Sie niemals mit zu langem Blickkontakt begegnen: Sie erfahren in einer Gesprächsrunde einen verbalen Angriff. Steigen Sie darauf ein, nehmen Sie Blickkontakt auf, geben Sie eine Antwort – und beenden Sie dann den visuellen Kontakt. Halten Sie hier weiter Blickkontakt, käme dies einer Kampfansage gleich: »Na, hast du jetzt noch etwas auf Lager?«

Profi-Tipps für den Blickkontakt

- Wohldosierter Blickkontakt signalisiert Selbstsicherheit.
- Ein übertriebener, starrer Blickkontakt ist ein visueller Fehdehandschuh, vor allem bei kontrovers geführten Gesprächen.
- In kritischen Situationen brechen Sie nach Ihrer Antwort den visuellen Kontakt am besten sofort ab und lenken ihn, idealerweise verbunden mit direkter Ansprache, auf einen anderen Teilnehmer des Gespräches.

Regel Nr. 7: Lass verbalen Unrat vorbeischwimmen

Diese Regel kann Ihnen in Verhandlungen aber auch Alltagsgesprächen das Leben erleichtern. Sie gibt Ihnen die Freiheit, zu entscheiden, worauf Sie einsteigen, ob Sie Schlagfertigkeit einsetzen oder ob Sie sich kurz innerlich schütteln und sagen: »Egal, es geht vorbei!« Wenn Sie diese Regel beherzigen, so haben Sie die Möglichkeit, auch ohne Techniken und Instrumente der Schlagfertigkeit auszukommen.

Keine passende Antwort, kein cleverer Konter auf einen fiesen verbalen Schlag Ihres Gegenübers? Macht nichts, vorbeischwimmen lassen! Ein Schlag unter die Gürtellinie tut zwar weh, aber den stecken Profis weg. Und weinen kann man oder frau zuhause.

Auch diese Regel ist, Sie ahnen es schon, nicht universell einsetzbar. Natürlich entscheide ich, wann mich ein Vorwurf trifft, wann dieser abprallt oder wann meine Ohren auf Durchzug stehen. Doch häufig ist da ein Dritter anwesend oder gar ein größeres Publikum. Genau dann ist die Regel außer Kraft gesetzt. Dann heißt es: Schluss damit!

Verbalen Unrat vorbeischwimmen lassen? Nein, denn damit zeigen Sie auf, dass Sie nicht damit umgehen können, keine sachliche oder emotionale Entgegnung parat haben. Und Ihr professionelles Poker-Face wird sehr schnell vom Publikum durchschaut. Die Körpersprache verrät uns, denn in den meisten Fällen halten wir dann einen winzigen Moment inne, verharren in unserer Bewegung, nehmen irritiert Blickkontakt auf oder schauen demonstrativ in eine andere Richtung. Oder wir stutzen in unseren Aussagen, stolpern, schieben ein »Ähhh« ein.

Wer in diesen Momenten Unrat vorbeischwimmen lässt, der tut sich und seiner Kompetenz keinen Gefallen. Nur wirkliche Peinlichkeiten kann man locker und souverän im Raum stehen lassen. Anders sieht das aus bei von Gelächter begleiteten oder persönlichen Angriffen unter die Gürtellinie. Diese sollten Sie konsequent ausräumen.

Profi-Tipps bei verbalem Unrat

- In Zeiten besonderer ökologischer Verantwortung muss auch Verbalmüll sauber entsorgt werden!
- Sobald Sie persönlich auch nur den Hauch einer Irritation durch Verbalmüll empfinden, entsorgen Sie diesen am besten direkt. Ansonsten hinterlässt er einen bitteren Beigeschmack auf Ihr Auditorium und auch bei Ihnen selbst.
- Von mir begleitete Podiumsdiskussionen und Talkshows haben deutlich gezeigt: Verbalmüll vorbeischwimmen lassen, lässt das Gesprächsklima immer »mülliger« werden. Konsequente Entsorgung solchen Mülls gerade am Anfang sendet das deutliche Signal an den anderen: »Stopp, nicht mit mir!«

Regel Nr. 8: Jeder hat das Auditorium, welches er verdient

Schauen wir uns einmal die ganzen Gentechnologie-Foren an, so hat diese Goldene Regel natürlich eine besondere Brisanz. Da prallen Gentechnik-Industrie und Umweltschützer häufig aufeinander. Da werden im Kontext Felder abgefackelt und »Ökos« über den Zaun geworfen. Beide Seiten scheinen sich also gegenseitig zu verdienen.

Nun hat aber nicht jeder Mensch seinen persönlichen Advocatus diaboli, den Anwalt des Teufels, im Leben verdient, der ihm nun die negativen Seiten des Lebens aufzuzeigen hat. Aber er bekommt ihn in Gesprächen und Talkrunden doch des Öfteren präsentiert, obwohl er selbst nett, wohlerzogen und höflich ist. Nicht immer bekommen Sie den Gesprächspartner oder das Auditorium, welches Sie wirklich aufgrund Ihrer Intention und Überzeugungskraft verdienen. »Das Auditorium« ist im Prinzip auch eine unerlaubte Gleichmacherei, denn die unterschiedlichen Zuhörer und Zuschauer oder Mitdiskutanten haben jeweils – im positiven Sinne des Wortes – egoistische Motive.

Doch was nun? Hier hilft weder Jammern noch freundliches Appellieren, der andere möge doch nicht so zynisch, gemein und hinterhältig sein. Denn ein wichtiger Bestandteil unseres Lebens besteht im »Spiele spielen«. Hier demonstrieren Verbalakrobaten ihre »Siegerdominanz« (Rupert Lay), schaffen in Gruppen informelle Hierarchie und sozialisieren sich. Glücklicherweise nur verbal, denn niedrigere Lebensformen markieren ihre Reviere häufig mit substanzielleren Fäkalien.

Sicherlich kommt Ihnen diese Szene einer Besprechung bekannt vor:

Der Dialektiker: »Meine Mitarbeiter bestehen darauf, die anfallenden Informationsblätter selbst zu konzipieren. Dabei haben sie das ohne fremde Hilfe bislang noch nie geschafft.«

Kollege1: »Warum schicken Sie die denn nicht einmal auf ein PR-Seminar, wo genau solches Konzipieren gelehrt wird?«

Der Dialektiker: »Ja, eine sehr gute Idee, aber dazu fehlt ihnen die Zeit.«

Kollege 2: »Aber da gibt es doch auch gute Fachliteratur ...«

Der Dialektiker: »Natürlich, wir haben ja auch einiges im Regal stehen. Doch leider schauen die Betreffenden nicht in die Bücher. Sie wissen ja: Grau ist alle Theorie!«

Kollege 3: »Ich könnte Ihnen eine Agentur empfehlen, ich habe da gewisse Beziehungen ...«.

Der Dialektiker: »Eine gute Idee, aber bitte nehmen Sie es nicht persönlich, dafür fehlt leider das Budget.«

Kollege 4: »Dann akzeptieren Sie doch einfach diese Entscheidung und ziehen Sie sie beim Scheitern zur Verantwortung!«

Der Dialektiker: »Ja, das möchte ich schon, aber können wir uns einen Misserfolg leisten?!«

Diesem Wortwechsel folgt im allgemeinen betretenes Schweigen in der Runde, was unser Dialektiker dann auskostet und schließlich mit den Worten beendet: »Na ja, werde ich wohl selbst ranmüssen, zumindest die Federführung übernehmen.«

Geschickt hat Mr. Dialektik hier sein Spielchen gespielt:

- Er hat um Lösungsvorschläge gebeten ... und sie dann abgeschmettert.
- Er hat jenes betretene Schweigen heraufbeschwört und sich zwangsläufig als der Retter der Stunde präsentiert.
- Er hat den Helferinstinkt seiner Kollegen aktiviert ... und dann gezeigt, dass Hilfe hier nur in der Selbsthilfe bestehen kann.
- Er hat die Lebensklugheit und die Erfahrung seiner Kollegen sauber demontiert.
- Er hat ein Spielchen geboten, gespielt und gewonnen, da er die Regeln vorgegeben hat.

Natürlich ist dieses Spielchen harmlos, könnte man meinen. Doch es zeigt, wie provokative Dialektiker geschickt ihre eigene Vorstellung, ihre eigene Idee durchboxen.

Hätte Mr. Dialektik seine eigene Vorstellung direkt preisgegeben, so hätten seine Kollegen diese kritisch hinterfragen können. Sie hätten sich mit ihm über die Lösung einen heftigen Disput liefern können, doch diesem wich Mr. Dialektik geschickt aus. Er hat sich weder selber von Anfang an positioniert, noch hat er, was aus seiner Sicht seinem Ziel wenig förderlich gewesen wäre, seine Lösung präsentiert. Er biss in den »sauren Apfel« seiner eigenen Mitwirkung, als »Not am Mann« war.

Dialektiker beherrschen zweifelsfrei vor allem dominante Kommunikation, sie moderieren Gespräche in ihrem Sinn, wahren nach außen (Schein-)Neutralität, wirken manchmal klein, um dann umso größer erscheinen zu können.

In unserem Gesprächsbeispiel hat Mr. Dialektik ganz geschickt zu Lösungsvorschlägen motiviert, um diese dann (abzu-)werten.

Rupert Lay schreibt dazu: »Nicht wenige Sieger demonstrieren ihre Dominanz sprachlich. Gelegentlich eignen sie sich ein elitäres Sprachverhalten an. Nicht selten wird jedoch die Sprache verwandt, um die Ausübung der Siegerdominanz zu verschleiern. Siegerdominanz kann sich verbergen hinter Äußerungen der Zuneigung, der Abneigung, der Überraschung, des Lobes, der Bitte um Rat und Hilfe.« (Wie man sich Feinde schafft, S. 142).

Dialektiker spielen bewusst oder unbewusst, offen oder verdeckt, direkt oder indirekt ihre Spiele. Eric Berne beschreibt diese Spiele so:

»... Es läßt sich auch beschreiben als eine periodisch wiederkehrende Folge sich häufig wiederholender Transaktionen, äußerlich scheinbar plausibel, dabei aber von verborgenen Motiven beherrscht; umgangssprachlich kann man es auch bezeichnen als eine Folge von Einzelaktionen, die mit einer Falle bzw. einem trügerischen Trick verbunden sind.« (Berne, S. 57)

Jonathan Swift bezeichnete Spiele in diesem Sinn »als Imitationen des Kampfes«, die zu unserer Sozialisation gehören. Rupert Lay, der als Dialektikpapst über Jahrzehnte hinweg eine »solidarisch motivierte« Gesprächsführung vertrat, hat sich von dieser Ansicht im Lauf der Zeit allmählich verabschiedet, was auch in seinen neueren Büchern klar zum Tragen kommt, da er immer wieder »Feinde« benennt.

Unter dem Deckmantel gleichberechtigter Kommunikation, unter dem Anschein, miteinander, füreinander und zueinander im Gespräch zu sein, wählen die Dialektiker passende Spielstrategien, die nur ein Ziel verfolgen: sich bzw. ihre Meinung durchzusetzen.

Was auch immer ihnen vorzuwerfen ist, eines lässt sich nicht abstreiten: Sie sind wahrlich kreativ. Ihr Repertoire an Spielen kennt kaum eine Grenze, ihr Ideenreichtum – sprachlich wie methodisch – ist schier unerschöpflich. Ihre Sprachgebärden spiegeln die ganze Klaviatur der Kommunikation wider.

Führt der eine Weg nicht zum Ziel, so schleichen sie sich durch das Gebüsch, durch das Gestrüpp einer Team-Besprechung, reißen alte Brücken ein, bauen neue am Ufer entlang, taktieren mit anderen Gesprächspartnern, verlieren jedoch dabei ihr Ziel nicht aus dem Auge. Sie schaffen Wechselbäder der Gefühle, sind weich, wo man Härte erwartet, werden hart, wo man auf Kompromisse zu hoffen wagt. Ändern Spielregeln, Koalitionen, Intuitionen wie andere ihre Socken wechseln.

Dialektiker überreden, indem sie ihre Gesprächspartner auf der scheinbaren Sachebene festnageln, andererseits aber ihn genau dort ausbremsen.

Übung: Spiele

Analysieren Sie beim nächsten Meeting einmal jene Situationen, in denen die Gesprächsteilnehmer auf dem Glatteis der Wahrheit ausrutschen und trotz überzeugenderer Sachargumente scheitern. Analysieren Sie die dialektischen Muster der »Sieger«.

Profi-Tipps für das Spielen

- Wenn Ihre Gesprächspartner Spiele spielen wollen, so müssen Sie zwar nicht mitspielen, aber zumindest lernen, sie zu erkennen und mit ihnen umzugehen.
- So mancher Gesprächspartner, der seine Spiele spielt, benötigt eine gewisse Erziehung. Er muss erfahren, dass er bei Ihnen an den Falschen, die Falsche geraten ist. Hier ist es wichtig, von vornherein eine klare und orientierende Gesprächsatmosphäre aufzubauen, die die genannten Ansätze im Keim erstickt. Dazu ist eine konsequente Linie gefragt.

Schlagfertige Repliken, Sprüche und Bonmots

Gut dran ist derjenige, der vor allem in schwierigen Situationen nie um ein Wort verlegen ist. Legen Sie sich deshalb ein Repertoire an witzigen Sprüchen, schlagfertigen Antworten und sinnigen Sprichwörtern zu. Die folgende Auswahl hilft Ihnen dabei.

»Wer nachlässig redet, legt dadurch zugleich Bekenntnis ab, dass er selber seinen Gedanken und Worten keinerlei großen Wert beimisst.« – frei nach Schopenhauer

Die neuen Macher im New Business: jung, dynamisch und ... erfolglos!

»Sie sind immer der Erste, der geht!« – »Stimmt, es gelingt mir in der Dienstzeit, meine Arbeit plus Sonderaufgaben zu erledigen.«

»Sie wirken wie eine Marionette des Vorstands!« – »Stimmt, ich bin so wertvoll für das Unternehmen, dass ich mit feiner Hand geführt werde.«

»Sie wirken wie eine Flasche abgestandener Milch: nämlich ... sauer, einfach sauer.«

»Ihre Idee wirkt auf mich unausgegoren!« – »Sie scheinen abgestandene Ideen zu bevorzugen.«

Vorwurf während Ihres Vortrags: »Es gibt da noch offene Fragen ...« – »Mein Vortrag wird diese, wie von selbst, beantworten.«

»Sie sind sehr eingebildet ...« – »Stimmt. Das ist meine einzige Waffe gegen Ihre Wirklichkeit.«

»Als Experte ...« – »... sagen Sie uns heute etwas, von dem Sie Morgen bereits wissen, warum es nicht eingetroffen ist, haha ...«

»Wissen Sie überhaupt, was eine Datenautobahn ist?« – »Ja, leider für Sie eine Sackgasse.«

»Das verstehe ich nicht!« – »Schade, aber Sie hören mich schon, oder? Für mehr bin ich nicht verantwortlich.«

»Sie tragen ja Kontaktlinsen!« – »Klar, in der Aufbewahrungsflüssigkeit nutzen sie niemanden.«

»Ich bekomme ein fürstliches Gehalt, jetzt wird es Zeit, ...« – »... dieses endlich einmal zu verdienen.«

»Kompliment, Müller, Sie haben ja Ihre Hausaufgaben gemacht!« – »In der Tat, wie Sie sagten: meine! Wollen Sie abschreiben?«

»Sie machen mich noch fertig!« – »Unnötig, Sie sind doch ganz passabel in diesem Zustand.«

»Einen solchen Abgang hat keiner verdient ...« – »Bekommen aber schon!«

»Wir sitzen doch alle im gleichen Boot ...« – »welches Sie in eine Sklavenbarke umbauen wollen.«

»Liebe?« – »Ja, die privateste Form des Persönlichkeitskults!«

»Sie ist meine große Liebe!« – »Klar, ein Seiltanz von Amateuren, ohne Balancierstange, ohne doppelten Boden und ohne Netze, Sie Armer!«

»Wir haben eine platonische Liebe!« – »Verstehe, also Sex oberhalb Ihrer Ohren!«

»Ihr Vortrag war ja richtig flüssig vorgetragen, Kompliment, da haben Sie wohl sehr lange üben müssen!« – »Sie haben Recht, mein Vortrag war flüssig, aber Ihr Kommentar ist mehr als das, nämlich überflüssig.«

»Sie können Ihr Wort nicht halten, Herr Kohl!« – »Doch, ich kann sogar ganze Reden halten!«

»Sie verstehen wohl nur Bahnhof, Herr Dr. Frank?« – »Ich konstatiere, dass der Zug bei Ihnen abgefahren ist und Sie jetzt auf einen fahrenden aufspringen wollen!«

»Sie verstehen wohl nur Bahnhof?« – »In Ihrem Fall ist die Schranke unten!«

»Und Sie glauben, mit Ihrer Haltung der Fels in der Brandung zu sein?« – »Besser Fels als Halm im Wind bei jeglicher Konfrontation!«

»Ich habe da meine persönlichen Werte!« – »Klar, Sie kratzen sich dort, wo es anderen juckt!«

»Ich spreche es einfach deutlich aus ...« – »Na ja, weil das Sprechen Ihr Denken ersetzt!«

»Ich zitiere ...!« – »Klar, denn Sprichwörter sind die Philosophen einfacher Leute!«

»Wir sind ein Unternehmen!« – »Stimmt, eine Institution, in der jede Führungskraft das tun darf, was sie tun müsste!«

»Sie glauben, der Traummitarbeiter zu sein? Nein, Sie sind ein Alptraum (Trauma), guter Mann!«

»Ihre Argumentation geht mir gegen den Strich!« – »Dann machen Sie doch einfach einen Punkt.«

»Das ist unmöglich zu bewerkstelligen ...« – »Nein, für Sie nur in der Umsetzung unglaublich!«

»Ich habe Sie noch nie enttäuscht!« – »Nein, aber mehrfach getäuscht, was Ihre Absichten betrifft.«

»Sie sind, bezogen auf Ihren Ehrgeiz, unersättlich!« –»Unersetzlich im Interesse des Unternehmens trifft es.«

»Sie führen sich auf wie die Axt im Walde!« – »Nur so gelingt es, eine deutsche Eiche wie Sie zu fällen!«

»Es mangelt dieser Runde an der nötigen Entschlossenheit.« – »Sie weisen allerdings die entschlossene Nötigung aus!«

»Wir müssen die Sache richtig anpacken!« – »Besser wäre es, die richtigen Sachen anzupacken.«

»Das geht hier doch total in die Hose!« – »Möchten Sie lieber, dass wir Schottenröcke tragen?«

Ironisch: »Das wird ein Fest!« – »Nein, leider nur eine mittelmäßige Bescherung.«

»Wer zu spät kommt, den bestraft das Leben!« – »Im Einzelhandel gilt jedoch: Wer zu spät kommt, den bestrafen die Läden.«

»Idiot!« – »Danke für Ihre Selbsteinschätzung!«

»Sie sind ein Riesen-Arschloch!« – »Das sollten Sie anders betonen: »Sie sind ein Riese«, sagt das Arschloch.«

»Typisch Frau!« – »Exzellent erkannt ... und das als Mann!«

»Hahaha, weibliche Logik!« – »Richtig: Logik.«

»Sie halten mich wohl für richtig blöd?« – »Nnnn ... jaa!«

»Sie vermitteln mir ständig die Ansicht, dass ich inkompetent sei!« – »Nnnjaa, so weisen Sie sich aus!«

»Verstehe ich nicht?« – »Okay, angenommen, Sie verstehen es, was ändert sich dann für Sie?«

»Ich komme mir langsam blöd vor ...« – »Streichen Sie langsam und vorkommen!«

»Sie halten mich wohl für dumm?« – »Nein, aber Sie benehmen sich so!«

»Da könnte ich in die Luft gehen vor Frust!« – »Das ist Ihr Problem.«

»Ach kommen Sie, lassen Sie es doch gut sein. Der Klügere gibt nach.« – »Aber nicht in diesem Fall!«

»Ich habe gehört, Sie sind von Ihrem Unternehmen gefeuert worden ...« – »Stimmt, aber lieber gefeuert als weiter verheizt werden!«

»Wir sollten das Rad nicht jedes Mal neu erfinden.« – »Aber rollen sollte es schon!«

Aus einer Bierlaune heraus pöbelt ein Herr mit Lockenmähne Sie als Glatzenträger an: »Im jugendlichen Alter schon alle Haare ausgegangen?« – »Evolution, umso mehr Haare am Kopf, desto näher beim Affen!«

Ein aufgeregter Bewerber mahnt zum wiederholten Mal an, man möchte umgehend seine Bewerbung bestätigen. Er habe noch weitere »Eisen im Feuer«. – »Nehmen Sie doch einfach die Eisen zum Auskühlen raus und legen Sie am besten die Bewerbung hinein!«

Ein stolzer Vater berichtet: »Mein Sohn läuft seit drei Tagen!« – »Das arme Kind, sicherlich total übermüdet.«

Ein Mercedes-Mitarbeiter prahlt: »Ich arbeite an der neuen E-Klasse, am Band.« – »Ich bin zwar nur bei Ford, wir dürfen allerdings alle frei herumlaufen!«

Jemand pflaumt Sie im überfüllten Eingangsbereich einer Hotellobby an: »Nun drängeln Sie doch nicht so!« – Antwort: »Man nennt es Luftholen!«

Ein Kollege spricht Sie an: »Mensch, du bist immer so konservativ grau in grau gekleidet, schade!« – »Das nennt man Prioritäten setzen, dafür treibe ich es umso bunter.«

Auf dem Wochenmarkt: »Ich hätte gerne ein Kilo Birnen. Sind die mit Chemikalien behandelt?« – »Nein, das müssen Sie schon selber hinkriegen!«

»Was sehen Sie, wenn Sie in den Spiegel schauen?«, fragt der Psychologe beim Einstellungstest. – »Jemanden, der Tag und Nacht zu mir steht!«

Auf einer Party flüstert ein Bekannter Ihnen zu: »Du greifst jetzt schon das fünfte Mal zu einem Sektglas. Langsam wird es unangenehm!« – »Warum? Sollte ich schneller trinken?«

»Können Sie sich Telefonnummern gut merken?« –»Nein, aber die Namen dazu, haha!«

Ein Neider fragt: »Wie konnten Sie sich in Ihrem Job nur so lange halten?« – »Durch ein gesundes Leben!«

Verhandlung an der Rezeption eines Berliner Sterne-Hotels um den Preis von 350 Euro, welcher dem Gast zu happig erscheint. Die Empfangschefin begründet dies mit dem einmaligen Ausblick auf das Brandenburger Tor. – »Okay, was kostet es, wenn ich das Zimmer später hier lasse?«

Der Kellner im Restaurant fragt: »Möchten Sie gerne Wild essen?« –»Eher ruhig und unauffällig!«

»Sollten Priester heiraten dürfen?«, fragt der Theologe. – »Ja, wenn sie sich mögen!«

Frage an den Busfahrer von einem Mitreisenden: »Wie lange hält der Bus?! –»Schätze 20 Jahre bei guter Pflege!«

Abteilungsleiter zum Mitarbeiter lachend: »Mensch, schon wieder zu spät!« – »No Problem, ich ja auch!«

Vater zum Sohn: »In meinem Haus will ich drei Ausdrücke auf keinen Fall hören. Der erste ist »Fuck«, der nächste »für den Arsch« und der letzte »Chill mal, Alter«. – Sohn: »Okay, und wie heißen jetzt die drei Ausdrücke?«

Malheur beim Geschäftsessen. Der Espresso landet nach einer hektischen Bewegung auf der Tischdecke. – »Schwach, und ohne Stand!«

Ein Gast fällt durch konsequente Selbstdarstellung auf: »... Mein Sohn hat seine enorme Intelligenz von mir geerbt.« – »Na gut, dass Ihre Frau die ihre noch hat.«

Frage eines Sportlers an den Schiedsrichter nach einer strittigen Entscheidung: »Wie heißt denn Ihr Hund?« – Schiedsrichter: »Ich habe keinen Hund.« – »Wie traurig, blind und ohne Blindenhund!«

»Na, Kumpels, noch ein Bier?« – »Klar, und bitte drei Strohhalme?«

Der Ober im Restaurant zum Gast: »Wir hätten da noch einen wunderbaren Rotwein, der nicht auf der Karte steht!« – »Na, dann nehme ich lieber einen anderen, wenn er es noch nicht mal auf die Karte schafft!«

Ein Kollege lästert über Ihren Oberlippenbart: »Du siehst sicherlich ganz anders aus, wenn ihn dir jemand abnimmt!« – »Probiere es aus, dann siehst du ganz verändert aus!«

Der Arzt mit der Spritze in der Hand tröstet seinen Patienten: »Es tut auch gar nicht weh!« – »Stimmt, Ihnen nicht!«

Wette mit einem Geschäftskollegen: »Ich kann Ihnen sagen, was in der nächsten Woche in Ihrem Kalender geplant ist!« – »Montag, Dienstag, Mittwoch, Donnerstag ....?«

Ihr Gegenüber spöttisch: »Sie können sicher Ihre Abstammung bis auf die Affen zurückführen. Das tritt offen zutage!« – »Stimmt mein Stammbaum beginnt dort, wo Ihrer leider aufhört!«

Massiv genervt: »Sie wollen mich doch nur fertig machen!« – »Nein, Sie sind fertig. Ich verankere es für alle Anwesenden nur noch einmal!«

»Bei unserem letzten Treffen haben Sie noch etwas völlig anderes geäußert ...« –»Sehen Sie, im Gegensatz zu Ihnen lerne ich stetig dazu!«

»Soll das ein Witz sein?« – »Ja, wenn Sie die Fakten lustig finden!«

»Herr Doktor, lassen wir wieder den Wissenschaftler heraushängen?« – »Im Gegensatz zu Ihnen präsentiere ich lieber Fakten, statt Vermutungen aufzustellen!«

»Merkwürdige Wahrheiten, die Sie da zum Besten geben!« – »Sind Ihnen angenehme Lügen glaubhafter vermittelbar?«

»Da habe ich aber Bedenken!« – »Bedenken nennt man die Vernunft der Narren, vergessen Sie diese.«

»Nun muss ich aber mal den Vorgesetzten herauskehren!« – »Sie wollen es, müssen es aber nicht!«

»Also, verkohlen kann ich mich selber!« – »Mein Mitleid haben Sie.«

»Das verstehe ich jetzt nicht.« – »Kein Wunder!«

»Dies ist total gegen meine Überzeugung.« – »Auch Ihr Kopf ist rund, wechseln Sie einfach mal die Denkrichtung.«

»Was zählt, ist die Tradition unseres Hauses. Respektieren Sie dies einfach!« – »Traditionen sind leider Dogmen, die für innovative, neue Ansätze den Tod bedeuten.«

»Was soll denn dieses Theater?« – »Kein Theater, es ist das Leben heute.«

»Merken Sie eigentlich nicht, dass die Kollegen schon gähnen?« – »Klar, über Ihre ewigen Einwände!«

»Sie haben schon mannigfaltige Fehleinschätzungen zu verzeichnen ...« – »Das verwechseln Sie eindeutig mit Schicksal!«

»Das ist mein Erfolg!« – »... krähte der Hahn, als das Huhn ein Ei legte.«

»Blödmann!« – »Sie berichten uns nichts Neues über sich, schade.«

»... lange Leitung, finden Sie den Punkt?« – »Damit Sie den Punkt finden können, brauche ich diese!«

»Fragen Sie doch nicht so dämlich!« – »Sie disqualifizieren sich durch Ihre Antworten.«

»Ständig weichen Sie aus. Wollen Sie Zeit gewinnen?« – »Besser, als dass Sie uns weiterhin Zeit stehlen!«

»Darf ich Ihnen bitte drei Fragen stellen? ... und Ihre Schlussfolgerungen?« – »Zu Ihrer ersten Frage: nein!«

»Das ist eine geistige Bankrotterklärung!« – »Ignorieren Sie diese Vorschläge, machen Sie sich der geistigen Insolvenzverschleppung schuldig.«

»Schon wieder in der Kaffeepause, Kollege?« – »Ja, um Ihnen Gesellschaft zu leisten. Die Wahl der Kollegen fiel auf mich!«

»Jetzt spielen Sie sich aber wie der Projektleiter auf!« – »Gerne, wenn es Ihrer Orientierung dient!«

»Bitte unterbrechen Sie mich nicht ständig!« – »In Ordnung, es lohnt sich wirklich nicht.«

»Das ist so etwas von egoistisch!« – »Von Ihnen abgeschaut ... Spaß beiseite ... kommen wir zum Thema zurück.«

»Ich möchte bitte sofort ausreden!« –»Wer oder was hindert Sie?«

»Ich glaube, Sie sind auf dem Holzweg ...« – »Glaube gehört in die Kirche, zurück zu den Fakten.«

»Mein Gott, das gibt es doch gar nicht!« – »Hallo, Sie erleben mich gerade live!«

»Sie sind unfähig!« – »Trotz Ihrer Uneinsichtigkeit mag ich Sie irgendwie.«

Literaturverzeichnis

Dieses Literaturverzeichnis stellt nicht nur die Quellen dar, aus denen ich für diesen TaschenGuide geschöpft habe, sondern enthält auch grundlegende oder besonders interessante Werke für all diejenigen, die tiefer in das Thema einsteigen möchten.

Interessante oder ausgefallene Literaturhinweise Ihrerseits sind herzlich willkommen!

Aebli, H.: Zwölf Grundformen des Lernens. Stuttgart 1983.

Abdel-Latif, A.: Quick & Dirty. 4. Aufl., München 2016.

Alt, J. A.: Richtig argumentieren. 6. Aufl., München 2004.

Altmann, H. Ch.: Überzeugend reden, verhandeln, argumentieren. München 1992.

Ani, A.: Praxis der Projektplanung mit Netzplantechnik. Köln 1971.

Anonymus: Mit aller Macht. Aus dem Englischen von Strätling, U./Jakobeit, B./Buchner, C./Roth, S., München 1996.

Anton, K-H.: Mit List und Tücke argumentieren. Wiesbaden 1996.

Anze, E. M.: Freche Sprüche für Frauen. Augsburg 2003.

Apitz, K.: Konflikte – Krisen – Katastrophen. Präventivmaßnahmen gegen Imageverlust. Frankfurt/Main, Wiesbaden 1987.

Arden, P.: Es kommt nicht darauf an, wer Du bist, sondern wer Du sein willst. 4. Aufl., Berlin 2007.

Arden, P.: Egal, was Du denkst, denk das Gegenteil. Bergisch Gladbach 2007.

Argyle, M.: Körpersprache und Kommunikation. 5. Aufl., Paderborn 1989.

Axelrod, A.: Gandhi – der CEO, München 2011.

Baddeley, A.: So denkt der Mensch. München 1986.

Balck, H.: Neuorientierung im Projektmanagement. Köln 1989.

Bambeck, J./Wolters, A.: Brainpower. München 1991.

Bandler, R./Grinder J.: Neue Wege der Kurzzeit-Therapie. Neurolinguistische Programme. 8. Aufl., Paderborn 1989.

Bayer, T.: Sellavie ist kein Gemüse. Weinheim und Basel 1990.

Becker, B.: Entscheidungen. Bremen 1991.

Bendixen, P./Kammler, H.: Planung, Organisation und Methodik innovativer Entwicklungsprozesse. Berlin 1977.

Berckhan, B.: Die etwas intelligentere Art, mit dummen Sprüchen umzugehen, München 1998.

Berckhan, B.: Die etwas intelligentere Art, sich gegen dumme Sprüche zu wehren. München 1998.

Bergmann, W.: Lasst eure Kinder in Ruhe! München 2011.

Bertelsmann Stiftung (Hrsg.): Politik überzeugend vermitteln. Wahlkampfstrategien in Deutschland und den USA. Gütersloh 1996.

Biehl, B.: Business is Showbusiness. Frankfurt a. M. 2007.

Birkenbihl, V.: Erfolgstraining. 4. Aufl., München/Landsberg 1992.

Birkenbihl, V.: Stroh im Kopf? 21. Aufl., München/Landsberg 1995.

Birkenbihl, V.: Pscho-logisch richtig verhandeln. 6. Aufl., München/Landsberg 1990.

Bittrich, D./Stutz, S.: Griechify your life. Hamburg 2011.

Blazek, A.: Projekt-Controlling, Starnberg 1991.

Bohlen, D.: Meine Hammer-Sprüche. 2. Aufl., München 2006.

Böning, U.: Moderieren mit System. Wiesbaden 1991.

Bono, E. de: Taktiken und Strategien erfolgreicher Menschen. 2. Aufl., München 1995.

Borbonus, R.: Respekt. 5. Aufl., Berlin 2012.

Brandstätter, G. u. a.: Fehler im Projektmanagement. In: Zeitschrift für Führung und Organisation 57/1988.

Bredemeier, K.: Rhetorik auf den Punkt gebracht. München 2014.

Bredemeier, K.: SchlagFertigkeit. München 2014.

Bredemeier, K.: Der Rhetorik-Code. 2. Aufl., Zürich 2009.

Bredemeier, K./Gross, I.: Provokatives Verkaufen? Gesprächsverführung! Zürich 2006.

Bredemeier, K.: SchlagFertigkeit – das Arbeitsbuch. Zürich 2005.

Bredemeier, K.: Provokative Rhetorik? Schlagfertigkeit! 6. Aufl., Zürich/Köln 1999.

Bredemeier, K.: Medienpower. Erfolgreiche Kontakte zu Presse, Funk und Fernsehen. Zürich/Wiesbaden 1991 / als Taschenbuch redigiert, Düsseldorf 1993.

Bredemeier, K./Schlegel, H.: Die Kunst der Visualisierung. Zürich/Wiesbaden 1991. / als Taschenbuch redigiert, Düsseldorf 1994.

Bredemeier, K.: Fernsehtraining. 1. Aufl., Zürich/Wiesbaden 1993.

Bredemeier, K. u. a.: Führungswissen punktuell. Wiesbaden 1992.

Bredemeier, K. u. a.: Führungspower. Wiesbaden 1993.

Bredemeier, K.: Gewissensverständnis. Baden-Baden 1992.

Bredemeier, K./Neumann, R.: Kreaktiv-PR. Zürich/Köln 1997.

Bredemeier, K/Neumann, R.: Nie wieder sprachlos! 3. Aufl., Zürich 2000.

Bredemeier, K.: Nie wieder sprachlos! Hörbuch 4 Cassetten, Rusch-Verlag Konstanz 1999.

Bredemeier: Fernsehtraining/Nie wieder sprachlos! 4 Videos, Bergisch Gladbach 2000.

Bridges, J./Glassman, B.: Der Dude und sein Zen-Meister. Köln 2014.

Briggs, J./Peat, F. D.: Die Entdeckung des Chaos. München 1993.

Brucker, B.: Jederzeit schlagfertig. Bindlach 2006.

Bühler, F.X.: Vom Kopf ins Herz. 28. Aufl., Rott am Lech 2010.

Buzan, Tony: Nichts vergessen! Kopftraining für ein Supergedächtnis. München 1986.

Casdorff, H.: MedienPraxis für Manager. Düsseldorf 1991.

Capra, F.: Wendezeit. Bausteine für ein neues Weltbild. Bern 1983.

Christ, C./Fenn, B.: Bernhard, Der Glücksweg, München 2010.

Cialdini, R. B.: Die Psychologie des Überzeugens. 6. Aufl., Bern 2010.

Cicero A./Kuderna J.: Die Kunst der »Kampfrhetorik«. PowerTalking in Aktion. Paderborn 2000.

Collett P.: Ich sehe was, was du nicht sagst. 2. Aufl., Bergisch Gladbach 2007.

Comenius, J.: Orbis sensualium pictus. Dortmund 1979.

Cornelsen, C.: Lila Kühe leben länger. Frankfurt/Wien 2001.

Coppenrath Verlag: Die kleine ErfolgsBibel. Freche Offenbarungen für Aufsteiger. Münster 2012.

Correll, W.: Motivation und Überzeugung in Führung und Verkauf. Landsberg 1983.

Dahms, M./Dahms, C.: Schlagfertig sein in Rede und Verhandlung. Wermelskirchen 1996.

Dahms, M./Dahms, C.: Die Magie der Schlagfertigkeit. Wermelskirchen 1995.

Dalai Lama/van den Muyzenberg, L.: Führen, Gestalten, Bewegen. Frankfurt a. M., 2009.

Delp, L.: Das gesamte Recht der Publizistik. Neuwied (o. J.)

de Bono, E.: Taktiken und Strategien erfolgreicher Menschen. München/Landsberg am Lech 1995.

De Rosa, P.: Gottes erste Diener. München 1991.

De Rosa, P.: Gottes letzter Diener. München 2002.

Dobelli, R.: Die Kunst des klaren Denkens. München 2011.

Dobelli, R.: Die Kunst des klugen Handelns. München 2012.

Döring, K.: Lehren in der Weiterbildung. Weinheim 1988.

Doppler, K./Lauterburg C.: Change Management. Den Unternehmenswandel gestalten. 2. Aufl., Frankfurt a. M. 1994.

Drewermann, E.: Kleriker Psychogramm eines Ideals. München, ungekürzte Ausgabe 1991.

Drewermann, E.: Kleriker Psychogramm eines Ideals. 2. Aufl., München 1991.

Drucker, P. F.: Die postkapitalistische Gesellschaft. Düsseldorf 1993.

Drucker, P. F.: Management in turbulenter Zeit. Düsseldorf/Wien 1980.

Duden: Rhetorik. Mannheim 2011.

Dutton, K.: Psychopathen. 4. Aufl., München 2013.

Dutton, K.: Gehirnflüsterer. Die Fähigkeit andere zu beeinflussen. München 2011.

Dweck, C.: Selbstbild. Wie unser Denken Erfolge oder Niederlagen bewirkt. 3. Aufl., München 2011.

Ebeling, P.: Rhetorik. Stuttgart 1986.

Ebeling, P.: Pfiffige Zitate für Verkäufer. Landsberg am Lech 1988.

Edmüller, A./Wilhelm T.: Manipulationstechniken. 2. Aufl., Freiburg 2012.

Ehrlich, A.: Die Wahrheit über Politiker. Fränkisch-Crumbach 2013.

Eibl-Eibesfeldt, I.: Grundriss der vergleichenden Verhaltensforschung. Zürich 1978.

Ekman, P./Friesen W.V.: Ummasking the face. Englewood Cliffs, NJ.: Prentice Hall 1975.

Enry, H.: Fit für die Medien. Zürich 1999.

Eppler, E: Kavalleriepferde beim Hornsignal. Die Krise der Politik im Spiegel der Sprache. Frankfurt a. M. 1992.

Erny, Hansjörg: Fit für die Medien. Zürich 1999.

Farrelly, F.: Provokative Therapie. Berlin 1986.

Ferguson, M.: Public Communication – The New Imperatives. London 1993.

Fetscherin, A.: Keine Angst vor den Medien. Zürich/Wiesbaden 1988.

Field, S./Märthesheimer,P./Längsfeld, W.: Drehbuchschreiben für Fernsehen und Film, 2. Aufl., München 1990.

Finder, J.: Paranoia. Berlin 2013.

Forghani, F.: Shadow Negotitor. Norderstedt 2013.

Förster, A./Kreuz, P.: Alles, außer gewöhnlich. 2. Aufl., Berlin 2007.

Fowles, J.: Why viewers watch. London 1992.

Franke, A.: Kronstadt/Brasov. Ein kunstgeschichtlicher Rundgang durch die Stadt unter der Zinne. 1. Aufl., Regensburg 2008.

Frese, E.: Einführung in das Projektmanagement. München 1980.

Frey, S.: Die Macht des Bildes. Bern 1999.

Fricke,G.: Recht für Journalisten. München 1995.

Friebe, H./Albers P.: Was Sie schon immer über 6 wissen wollten. München 2011.

Gardner H.: Der ungeschulte Kopf. Wie Kinder denken. 3. Aufl., Stuttgart 1996.

Gardner H.: Abschied vom IQ. Die Rahmen-Theorie der vielfachen Intelligenzen. Stuttgart 1991.

Gardner H.: So genial wie Einstein. Schlüssel zum kreativen Denken. Stuttgart 1996.

Gast, U.: Ich will Dich doch nicht leiden lassen: die frechsten Ausreden für alle Lebenslagen. Frankfurt a. M. 1992.

Gehring, H.: Versklavte Gehirne. Rottenburg 2006.

Geretschläger,K.: Medientechnik I. München 1983.

Gerken, G.: Geist. Düsseldorf 1992.

Geissner, H. K.; Der Fünfsatz. Ein Kapitel Redetheorie und Redepädagogik, in: Wirkendes Wort 4/1968, S. 258 ff.

Geissner, H. K.:, Rhetorik und politische Bildung. 3. Aufl., Königstein 1986.

Geissner, H. K.: Fünfsatz, in: Historisches Wörterbuch der Rhetorik, Bd. 3., Tübingen 1996, S. 484 – 487.

Geissner, H. K.: Sprecherziehung. Didaktik der mündlichen Kommunikation. 2. Aufl., Königstein 1982.

Geyer,P./Hagenbüchle,R. (Hrsg.): Das Paradox. Tübingen 1992.

Geyer, P.: Das Paradox, in: Geyer/Hagenbüchle: Das Paradox, Tübingen 1992, S. 11 ff.

Gesellschaft für Projektmanagement/RKW: Projektmanagement, Bd. 1+2, Eschborn 1991.

Gigerenzer, G.: Bauchentscheidungen. 9. Aufl., München 2008.

Gigerenzer, G.: Risiko. Wie man die richtigen Entscheidungen trifft.

Gigerenzer, G.: Das Einmaleins der Skepsis. 9. Aufl., Berlin 2012.

Gilbert, B./Jamison S.: Winning Ugly. Wie man bessere Gegner schlägt. Lüneburg 1997.

Goffman, E.: Wir alle spielen Theater. Die Selbstdarstellung im Alltag. München 1988.

Goldstein, N. J./Martin, S. J./Cialdini R. B.: Yes! Andere überzeugen – 50 wissenschaftlich gesicherte Geheimrezepte. Bern 2009. 1. Nachdruck 2010.

Goleman, D.: Emotionale Intelligenz. München 1997.

Gonschior, T.: Auf den Spuren der Intuition. München 2013.

Goossens, F.: Erfolgreiche Konferenzen und Verhandlungen. Landsberg 1987.

Gordon, Th.: Familienkonferenz. Hamburg 1972.

Gordon, Th.: Managerkonferenz. Reinbek 1982.

Graf, F.: Oscar Wilde für Genießer. 2007.

Graichen, W.: Das ABC der Arbeitsfreude. Speyer 1988.

Graichen, G./Hesse, A.: Geheim-Bünde. Reinbek bei Hamburg, 2. Auflage 2014.

Greene, R.: Power. Die 48 Gesetze der Macht. Wien 1999.

Gross, S. F.: Beziehungsintelligenz. Talent und Brillanz im Umgang mit Menschen. München 1997.

Guirdham, M.: Interpersonal Skills at work. London 1995.

Hackenberg, W./Leminsky, C./Schulz-Wolfgramm, E.: Key Message. Delivered. Freiburg 2011.

Hagemann, G.: Die Hohe Schule der Führung. Landsberg a. Lech 1992.

Hagenbüchle, R.: Was heißt paradox?, in: Geyer/Hagenbüchle, Das Paradox, Tübingen 1992, S. 27 ff.

Halbfas, H.: Das Dritte Auge. 4. Aufl., München 1989.

Haller, M.: Das Interview. München 1991.

Haller, M.: Recherchieren. 4. Aufl., München 1991.

Hammer, M./Champy, J.: Business Reengineering. 2. Aufl., Frankfurt/New York 1994.

Hanson R./Mendius R.: Das Gehirn eines Buddha, arbor, Freiburg im Breisgau, 3. Auflage 2011.

Harpprecht, K.: Medien-Faschismus? In: manager magazin 7/94.

Harris, Th.: Ich bin o.k. – Du bist o.k.. Hamburg 1973.

Hartmann P. C.: Die Jesuiten. München 2001.

Hauschka, E. R.: Handbuch moderner Literatur im Zitat. Regensburg 1968.

Havener, T.: Ich weiß, was du denkst. 7. Aufl., Hamburg 2009.

Heim, P./Chapman E. N.: Führungsgrundlagen. Deutschsprachige Ausgabe Wien 1991.

Heintel, P. u. a.: Projektmanagement – Eine Antwort auf die Hierarchiekrise? Wiesbaden 1988.

Heller, E.: Wie Farben wirken. Reinbek 1989.

Herles, B.: Die kaputte Elite. 1. Aufl., München 2013.

Heyman, R. Warum haben Sie das nicht gleich gesagt? Zürich 1998.

Hierhold,E.: Sicher präsentieren, wirksamer vortragen. 4. Aufl., Frankfurt 1998.

Hodgson, J.: Das souveräne Verhandlungsgespräch. Niedernhausen 1998.

Huber, W.: Sprachfallen und Denkunfälle, in: Geyer/Hagenbüchler, Das Paradox, Tübingen 1992, S. 131 ff.

Hüther, G.: Was wir sind und was wir sein könnten, 7. Aufl., Frankfurt a. M. 2011.

Hüther, G.: Männer – Das schwache Geschlecht und sein Gehirn, Vandenhoeck & Ruprecht, Göttingen 2009.

Hüther, G.: Bedienungsanleitung für ein menschliches Gehirn, Göttingen 2005.

Iggulden, G./Iggulden H.: Dangerous Book for Boys. Das einzig wahre Handbuch für Väter und ihre Söhne. München 2007.

Jahncke, R.: Sprechtechnik und Redekunst. München 1988.

Jobs, S.: Think Different – Die Welt anders denken. Berlin 2012.

Jonas, H.: Das Prinzip Verantwortung. Frankfurt 1979.

Kahneman, D.: Schnelles Denken, langsames Denken. 4. Aufl., München 2012.

Kaplan Thaler L./Koval, R.: The Power of Nice. Wie Sie die Welt mit Freundlichkeit erobern können. München 2008.

Kast, B.: Ich weiß nicht, was ich wollen soll. 2. Aufl., Frankfurt a. M., 2013.

Kellner, H.: Die Kunst, DV-Projekte zum Erfolg zu führen. München/Wien 1994.

Kellner, H.: Konferenzen, Sitzungen, Workshops effizient gestalten. München/Wien 1995.

Keplinger, W.: Merkmale erfolgreichen Projektmanagements. Graz 1991.

Kerler, R.: Bonmots bekannter Top-Manager. Landsberg <. Lech 1989.

Kindl-Beilfuß, C.: Fragen können wie Küsse schmecken. 3. Aufl., Heidelberg 2011.

Kirschner, J.: Manipulieren – aber richtig. München 1976.

Kiyoshi, S.: Die ungenutzten Potentiale. München 1994.

Klein, N.: No Logo! 5. Aufl., München 2002.

Klimke,R./Schott,B.: Die Kunst der Krisen-PR. Paderborn 1993.

Korruhn, W.: Hautnah Indiskrete Gespräche. Düsseldorf/Wien/New York/Moskau 1994.

Kössner, C.: Mein Auto spiegelt ... MICH. Steyr 2001.

Krämer, W.: So lügt man mit Statistik. München 2000.

Kreuzer, H./Prümm, K.: Fernsehsendungen und ihre Formen. Stuttgart 1979.

Krüger, W.: Projektmanagement in der Krise. Frankfurt 1986.

Lange, D.: Sieger erkennt man am Start – Verlierer auch, 3. Aufl., Berlin 2012.

Lay, R.: Manipulation durch die Sprache. 5. Aufl., München 1981.

Lay,R.: Führen durch das Wort. Frankfurt a. M./Berlin 1987.

Lay, R.: Ethik für Wirtschaft und Politik. Herbig 1983.

Lay, R.: Wie man sich Feinde schafft. Düsseldorf 1994.

Lay, R.: Dialektik für Manager. Frankfurt 1979.

Lay, R.: Die Macht der Moral. Düsseldorf/Wien/New York 1990.

Lay, R.: Philosophie für Manager. Düsseldorf 1991.

Lay, R.: Kommunikation für Manager. Düsseldorf/Wien/New York 1989.

Lec, S. J.: Liebet eure Feinde. Zürich 2001.

Leuninger, H.: Danke und Tschüss fürs Mitnehmen. Zürich 1996.

Leuninger, H.: Reden ist Silber, Schweigen ist Gold. Zürich 1993.

Levine, R.: Die große Verführung. München 2003.

Liebenau, F.v./Schönberger,M. (Hrsg.): Das Große Buch der Anekdoten von A-Z, München 1991.

Lister, M.: Selbstauslöser. 1. Aufl., Hamburg 2011.

Logue M./Conradi P.: The King's Speech. London 2010.

Lois, G.: Verdammt Gute Tipps. Berlin 2012.

Lütz, M.: Bluff! Die Fälschung der Welt. München 2012.

Lyle, J.: Body Language, London 1990.

Machiavelli, N.: Der Fürst. 1. Aufl., Frankfurt a. M. 1990.

Macioszek H.-G.: Chruschtoschows dritter Schuh, Hamburg 1995.

Maddaus, B. J.: Handbuch Projektmanagement. 3. Aufl., Wien 1990.

Maddux, R. B.: Team-Bildung. Wien 1993.

Malik, F. Systemisches Management, Evolution, Selbstorganisation. Stuttgart/Bern 1993.

Mandela, N.: Meine Waffe ist das Wort. 5. Aufl., München 2014.

Martin, L.: Ich krieg dich! 5. Aufl., München 2011.

Marten, R./Schreiber G.: Überzeugend reden vor Publikum. München 2000.

Maywald, F.: Der Narr und das Management. 2. Aufl., München 2001.

Maywald, F.: Struwwelpeter für Manager. München 2002.

McCormack, M. H.: Was Sie an der Harvard Business School nicht lernen. München 1985.

McDonald, M. H. B.: Der Marketingplan. Wien 1991.

Mees, J. u. a.: Projektmanagement in neuen Dimensionen. 2. Aufl., Wiesbaden 1995.

Mell, H.: Spielregeln für Beruf und Karriere, 3. Aufl., Berlin/Heidelberg 2005.

Mell, H.: Erfolgreiche Karriereplanung, Berlin/Heidelberg 2006.

Merten/Teipen: Empirische Kommunikationsforschung. München 1991.

Mlodinow, L.: Wenn Gott würfelt. Hamburg 2011.

Modellversuch Journalisten-Weiterbildung (Hrsg.): Fernstudium Kommunikationswissenschaft. Teil 1, 2. Aufl., München 1989/Teil 2, 2. Aufl., München 1989.

Montabaur, W.: 999 clevere Antworten auf 1000 dummdreiste Alltagsfragen. 2. Aufl., Berlin 1999.

Moores, S.: Interpreting Audiences. London 1993.

Moran, L./ Musselwhite, E./Zenger J. H.: Effektives Team-Coaching. Düsseldorf/München 1997.

Morfill, G./Scheingaber,H.: Chaos ist überall ... und es funktioniert. Frankfurt 1991.

Mück, F.: Der einfache Weg zum begeisternden Vortrag. 2. Aufl., München 2016.

Müller, H.: Gesprächstraining. Dialektik für Manager. Zürich 1997.

Müller, M.: Schlagfertig! Verbale Angriffe gekonnt abwehren. Niedernhausen/Ts. 2000.

Nasher J.: Durchschaut. Das Geheimnis, kleine und großen Lügen zu entlarven. München 2010.

Neuberger, O.: Was ist denn da so komisch? Weinheim/Basel 1988.

Neumann & Göbel: Großes Handbuch der Zitate, Sprichwörter und Redensarten. Köln 1983.

Neumann, R.: Projektmanagement. Booklet des Personal Potential, Stuttgart 1995.

Neumann, R.: Projektmanagement von A-Z, Frankfurt/New York, 1996.

Neumann, R.: Target Talking. Das erfolgreiche Mitarbeitergespräch. Rio Economy 1997.

Neumann, R.: Schlagfertig reagieren im Job. Landsberg a. Lech 2001.

Noll P./Bachmann H. R.: Der kleine Machiavelli. 2. Aufl., München, 1992.

Nöllke, M.: Schlagfertigkeit. Freiburg/München 1999.

Nöllke, M.: Schlagfertigkeit: das Trainingsbuch. Freiburg/München 2002.

Obermeier, O-P.: Die Kunst der Risikokommunikation. München 1999.

Oehler, K. T.: Rivalität und wie man richtig damit umgeht. München 2003.

Oetinger, B.v.: Das Boston Consulting Strategie Buch, Düsseldorf 1995.

O'Ween, H.: Decoding Leadership Bullshit. 2013.

Pack, B.: Schlag zurück! Das Trainingsbuch zur Schlagfertigkeit. 2001.

Patterson, T. E.: Out of Order. New York 1994.

Pentland, A.: Social Physics. How Good Ideas Spread – The Lessons from a New Science. New York 2014.

Peter, B./Geri,W.: Entspannung. München 1991.

Pinker, S.: Der Sprachinstinkt. München 1998.

Pöhm, M.: Präsentieren Sie noch oder faszinieren Sie schon? Heidelberg 2006.

Pöhm, M.: Nicht auf den Mund gefallen! Landsberg a. Lech, 8. Aufl. 2000.

Pöhm, M.: Das NonPlusUltra der Schlagfertigkeit. Landsberg/ München 2002.

Popper, R./Ludwig, J.-C.: Bosse nach Wahl. Berlin 1997.

Postman, N.: Wir amüsieren uns zu Tode, Frankfurt 1988.

Pratt, D.: Geniale Gedanken. 1. Aufl., Berlin 2009.

Projektteam Lokaljournalisten: ABC des Journalismus. 6. Aufl., München 1990.

Projektteam Lokaljournalisten: Journalismus und kommunale Öffentlichkeitsarbeit. München 1979.

Ptok, M./Natke, U., Oertle, M.: Stottern – Pathogenese und Therapie. Deutsches Ärzteblatt, Jg. 103, Heft 18, 5. Mai 2006.

Pürer (Hrsg.): Praktischer Journalismus in Zeitung, Radio und Fernsehen. München 1991.

Pursch, Günter: Das große Parlamentarische Schimpfwörterbuch. 2. Aufl., München 1989.

Ratey, J. J.: Das menschliche Gehirn. Eine Gebrauchsanweisung. Zürich 2001.

Rath, H.: Und Gott sprach: Wir müssen reden! Reinbek bei Hamburg 2012.

Recardo, R.J. et al.: Teams. Houston 1996.

Reinker, S.: Rache am Chef. Die unterschätzte Macht der Mitarbeiter. 2. Aufl., Berlin 2007.

Richardson, J.: Erfolgreich kommunizieren. München 1992.

Rischar, K.: Spielregeln für den Umgang mit Chefs, München 1991.

Rössing, R.: Blackouts. Erftstadt 2004.

Ruede-Wissmann, W.: Auf alle Fälle Recht behalten. München 1989.

Ruede-Wissmann, W.: Super Selling. München 1989.

Ruhleder, R. H.: Rhetorik-Dialektik-Kinesik. 7. Aufl., Harzburg 1984.

Ruhleder, R. H: Ruhleders Sprüche und Zitate. Würzburg 1994.

Scannell, P.: Broadcast Talk. London 1991.

Scott-Morgan, P./Little A. D.: Die heimlichen Spielregeln. Die Macht der ungeschriebenen Gesetze im Unternehmen. Frankfurt a. M., New York 1994.

Sickel, Chr.: Mein Leben heißt Umsatz. Zürich 1998.

Schacter, D. L.: Aussetzer. Bergisch Gladbach 2005.

Schaller, B.: Die Macht der Sprache. München 1998.

Schneider, W.: Lingua Blablativa. In: Spiegel Spezial 1/95.

Schneider, W.: Wörter machen Leute. 7. Aufl., München/Zürich 1994.

Schopenhauer, A.: Die Kunst zu beleidigen. 3. Aufl., München 2004.

Schopenhauer A.: Eristische Dialektik oder Die Kunst, Recht zu behalten. Zürich 1983.

Schopenhauer, A.: Eristische Dialektik oder Die Kunst, Recht zu behalten. 3. Aufl., Zürich 2008.

Schranner, M.: Teure Fehler. 5. Aufl., Berlin 2011.

Schubert, R.: Ruhleders Sprüche und Zitate. Würzburg 1994.

Schult, G./Buchholz, A.: Fernsehjournalismus. Ein Handbuch für Ausbildung und Praxis. 3. Aufl., München 1990.

Spiegel Spezial: Die Journalisten – Ärgernis Presse. Hamburg 1/95.

Stein, U.: Das schwarze Buch. Oldenburg 2011.

Steinbrecher/Weiske: Die Talkshow. München 1992.

Steyrer, Johannes: Die Macht der Manipulation. Wals 2018.

Stellmacher, M.: Gut beraten. Frankfurt a. M. 2010.

Stöger, G.: Wie führe ich meinen Chef? Erfolgreiche Kommunikation von unten nach oben. 3. Aufl., Zürich 1998.

Stöger, G./Vogl, M.: Gewonnen wird im Kopf, gestolpert auch! Zürich 1999.

Taleb, N. N.: Kleines Handbuch für den Umgang mit Unwissen. 1. Aufl., München 2013.

Tange, E. G.: Der boshafte Zitatenschatz. Frankfurt (o. J.)

Tenaillon, N.: Die Kunst, immer Recht zu behalten. München 2015.

Ulsamer, B.: Exzellente Kommunikation mit NLP. 5. Aufl., Offenbach 1996.

Urban, D.: Chancen für Querdenker. Zürich 1996.

Veelen, S.: Hochstapler. Marburg 2012.

Vester, F.: Denken, Lernen, Vergessen. München 1978.

Vollmer, Gerhard: Paradoxien und Antinomien, in: Geyer, P./ Hagenbüchle, R. (Hrsg.), Das Paradox, Tübingen 1992, S. 152 ff.

von der Lippe, J./de Rottwinkel, K.: Wie rede ich mich um Kopf und Kragen? Frankfurt a. M. 1996.

von der Weth, R.: Management der Komplexität. Bern 2001.

Wachtel, S.: Überzeugen vor Mikrofon und Kamera. Frankfurt a. M. 1999.

Watzlawick, P. et al: Menschliche Kommunikation. München/ Bern 1982.

Watzlawick, P.: Vom Schlechten des Guten oder Hekates Lösungen, München 1991.

Watzlawick, P.: Wie wirklich ist die Wirklichkeit? 19. Aufl., München 1991.

Watzlawick, P.: Die Möglichkeit des Andersseins. 2. Aufl., München 1982.

Watzlawick, P.: Die erfundene Wirklichkeit. München 1981.

Watzlawick, P.: Die Möglichkeit des Andersseins. 5. Aufl., Bern 2002.

Watzlawick P./Weakland J. H./Fisch R.: Lösungen. 6. Aufl., Bern 2001.

Watzlawick P.: Münchhausens Zopf oder Psychotherapie und »Wirklichkeit«. München 1992.

Watzlawick, P. (Hrsg.): Die erfundene Wirklichkeit. Wie wissen wir, was wir zu wissen glauben? 7. Aufl., München 1991.

Watzlawick, P./Beavin J. H./Jackson D. D: Menschliche Kommunikation. 8. Aufl., Bern 1990.

Weisbach, C.-R.: Professionelle Gesprächsführung. 5. Aufl., München 2001.

Weissman, A.: MarketingStrategie, 10 Stufen zum Erfolg, 4. Aufl., Landsberg a. Lech 1994.

Weissman, A. u. a.: Sinnergie. Zürich 1997.

Wiedemann, P.: Krisenkommunikation. IZE Frankfurt (o. J.).

Winner E.: Hochbegabt. Mythen und Realitäten von außergewöhnlichen Kindern. Stuttgart 1998.

Wirth, J. V./Kleve, H. (Hrsg.): Lexikon des systemischen Arbeitens. Heidelberg 2012.

Wiseman, R.: Wie Sie in 60 Sekunden Ihr Leben verändern. 6. Aufl., Frankfurt a. M., 2011.

Wrede-Grischkat, R.: Manieren und Karriere. Verhaltensnormen für Führungskräfte. Wiesbaden 1990.

Wunderlich, D.: Arbeitsbuch Semantik. 2. Aufl., Frankfurt 1991.

Zelazny G.: Wie aus Zahlen Bilder werden. 2. Aufl., Wiesbaden, 1989.

Ziegelwagner, M.: Unbekannt in deutschem Land sind Café und Würstelstand. 1. Aufl., München 2013.

Zimmer, D.E.: Die Wortlupe. Beobachtungen am Deutsch der Gegenwart. Hamburg 2006.

Zittlau, D.: Schlagfertig kontern in jeder Situation. München 1998.

Zink, F.: Wendezeit für Manager. Wege zu einer neuen Unternehmenskultur. Frankfurt a. M. 1994.

Stichwortverzeichnis

Impressum

Bibliografische Information der Deutschen Nationalbibliothek
Die Deutsche Nationalbibliothek verzeichnet diese Publikation in der Deutschen Nationalbibliografie; detaillierte bibliografische Daten sind im Internet über http://www.dnb.dnb.de abrufbar.

Print:	ISBN: 978-3-648-17497-5	Bestell-Nr.: 10763-0002
ePub:	ISBN: 978-3-648-17498-2	Bestell-Nr.: 10763-0101
ePDF:	ISBN: 978-3-648-17499-9	Bestell-Nr.: 10763-0151

Dr. Karsten Bredemeier
Die Kunst der klaren Kommunikation – 250 professionelle Rhetorik-Tipps
2. Auflage 2023

www.haufe.de
info@haufe.de
Redaktion: Jürgen Fischer

Konzeption und Lektorat: Nicole Jähnichen, www.eisbach-text.de
Bildnachweis (Cover): Filadendron / iStock

Der Autor

Dr. theol. Karsten Bredemeier

(»Profis arbeiten mit Profis!«) ist TopExecutiveCoach und Kommunikationsstratege und gilt als der »Rhetoriktherapeut Deutschlands« (manager magazin). In seine mehrfach prämierte Lehr- und Beratungstätigkeit für DAX-, Mittelstandsunternehmen, Institutionen und Start-ups fließen seine langjährige Erfahrung als geschäftsführender Gesellschafter einer renommierten Beratungsgruppe, sein theologischer Hintergrund und seine journalistische Expertise überzeugend ein. Ergänzt ist dieses Spektrum durch die langjährige Beratung von Spitzensportlern auf Weltniveau und (inter)nationalen Politikern sowie Dozententätigkeiten an diversen Universitäten und Hochschulen in den Fächern Wirtschafts-Ethik, Unternehmensstrategien und Kommunikation. Als geschätzter Keynote-Speaker synthetisiert er übergreifend therapeutische Themen und soziopsychologische Konzepte zu anderen überzeugenden Kommunikationsmodellen. Insgesamt hat er diverse Start-ups (u. a. »Clevertanken«) (mit)gegründet, einige verkauft oder hält diverse Beteiligungen, u. a. an einer Beratung für soziale Verantwortung/CSR.

Als Bestsellerautor hat er 15 Bücher in 20 Sprachen mit mehr als 150 Auflagen veröffentlicht.

Mehr zum Autor:
www.communication2go.com
www.dr-bredemeier.de